KB263982

현실 부부

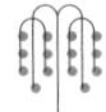

'경험이 미래에게'
미류책방은 미미와 류의 2인 출판사입니다.
경험이 미래에게 들려주는 수북한 시간들을 담으려고 합니다.
책을 만들고, 책을 읽는 그 모든 시간들이 아름답게 흘렀으면 좋겠습니다.
그리하여 먼 훗날, 한 그루 미류나무처럼
우리 모두 우뚝 성장해 있기를 소망합니다.

현실 연애는
달라서 좋았는데
달라서 갈등하는
김용태 지음
미류책방

여자와 남자가 결혼하면 그날부터 자동으로 한 가정의 아내와 남편이 된다. 결혼식을 막 마친 신혼부부가 당장 좋은 아내, 좋은 남편이 될 수 있을까?

초보 아내는 의식, 무의식적으로 아버지처럼 자신을 잘 받아 주고 보호해 주면서 말 잘 듣는 아들 같은 그런 남편을 기대한다. 아내에게 만족스러운 남편이 되려면 남자는 아버지와 아들 역할을 해야 한다.

초보 남편도 의식, 무의식적으로 평상시엔 아내가 딸처럼 상냥하고 자기 말에 잘 따라 주기를 바라다가도 자신이 지치고 힘든 날에는 엄마처럼 해 주기를 기대한다. 남자에게는 엄마라는 존재가 영원한 안식처이기 때문에 결혼 후엔 그 안식처가 아내가 되길 바라는 것이다. 이렇게 서로 한 사람에게 두세 명의 역할을 기대하면서 살아가니 부부가 같이 잘 사는 게 기적일 수밖에.

신입생이 학교에 적응하듯, 신입 사원이 회사에 적응하듯 서로에게 새로운 가정에 적응할 시간을 주고 맞추어 가야 한다. 부부가 결혼 생활을 잘하기 위해서는 '남편 되어 가기, 아내 되어 가기'를 배워야 하는 것이다.

일반적으로 부부 사이는 '통하는 관계'가 되어야 정상이라고 생각한다. 한몸과 한마음, 즉 일심동체가 되어야 한다고 한다. 그러나 20~30년 간 서로 다른 가정에서, 다른 문화적 배경에서 살아온 남녀는 잘 통하지 않는 게 오히려 정상이다. 부부가 서로 완벽하게 소통하고 싶은 마음은 심리학적으로 볼 때 '현실에 기반을 두지 않은 기대', 즉 환상이다.

부부는 일심동체가 아니라 이심이체일 수밖에 없다. 한마음이 안 되어도 괜찮다. 각자의 마음으로 살되, 같은 삶의 목표를 가지면서 바라보는 방향이 같으면 된다. 심한 갈등과 이혼의 위기 앞에 상담실에 찾아온 부부들이 내가 이렇게 얘기를 하면 아주 편안해 한다. 일심동체가 될 수 없었던 자신들이 비정상이라는 생각에서 해방된 것 같다고 한다. 앞으로도 일심동체가 될 필요는 없다고 하니 후련한 표정으로 상담실을 나간다.

결혼 생활은 '아, 우리가 이렇게 다르니 안 통하는구나'에서 출발해야 한다. 서로의 다름을 내게 맞도록 고치려고 하는 대신 '이 사람은 이렇게 다르게 생각하는구나'라고 이해할수록 더 좋은 남편, 더 좋은 아내가 될 수 있다. 다른 것을 다르게 보는 대신 틀렸다고 하면서 "네가 문제이니 네가 고쳐라", "나에게 맞춰라"라고 하면 부부 사이는 절로 악순환으로 흐른다. 부부 사이의 '선순환의 기적'은 자연스럽게 일어나지 않는다. 선순환 관계를 만들려면 의도적인 노력이 필요하다. 악순환의 부부 관계를 선순환으로 돌리기 위한 해법 중 하나는 서로의 다름을 아는 것이다.

우선 '남녀 차이'에 대해 알아야 한다. 부부 싸움은 남자와 여자가 서로 어떤 존재인지 몰라서 일어나는 경우가 대부분이다. 남자와 여자는 사는 세상이 다르다는 것을 알아야 한다. 남자는 파워의 세계에, 여자는 연결의 세계에 산다. 상대에게 기대하는 것, 대화 방식, 사랑에 대한 정의도 다르다.

두 번째, 서로의 성격 유형을 파악하는 것이다. 상담실을 찾는 부부에게 성격 유형에 대해 알려 주면 "아니, 당신이 이런 사람이었어? 나는 나 같은 줄 알았지!" 하면서 깜짝 놀라는 경우가 있다. 배우자가 어떤 사람인지도 제대로 모른 채 자신의 성격과 성질대로 대하면 악순환 관계가 된다.

세 번째, 각자 살아온 가족 배경에서 만들어진 결혼에 대한 기대(판타지)가 다르다는 것을 알아야 한다. 사람마다 결혼을 하며 '결혼 생활은 이럴 거야' 하면서 그리는 그림이 있다. 이는 결혼 전 가족의 생활 방식, 가족이 채워 주지 못한 결핍에서 비롯된다. 즉 각자 삶의 히스토리 속에서 중요하게 생각했던 것을 존중받지 못하면 싸움이 시작된다.

마지막으로 서로 강자가 되려는 헤게모니 싸움을 인식해야 한다. 부부를 보면 대체로 한쪽이 권력을 쥐고 사는데, 강자의 뜻에 따라 집안 대소사가 결정된다. 강자와 약자가 존재하면 부부 사이의 친밀함은 실종된다. 세월이 지나 강자는 약자에게 복수를 당하기도 한다. 권력에 눌린 사람이 끝까지 눌리지는 않는다. '부부 싸움은 지는 것이 이기는 것이다'라는 말이 그래서 나온 것이 아닐까 싶다. 강자로 살면서 배우자의 사랑까지 바란다면 불가능한 일을 원하고 있는 것이다.

30여 년 동안 부부 상담을 경험하면서 부부는 아무리 나쁜 관계에 처해 있어도 회복될 수 있는 관계임을 지켜보았다. 가정을 이루고 살아온 부부는 궁극적으로 행복한 가정을 이루고 싶은 마음이 있다. 기본적으로 부부에겐 서로 좋아하는 마음이 있기 때문이다. 그러나 갈등 관계에서 이와는 반대되는 말만 하고 산다. 마음 깊은 곳에 있는 좋아하는 마음과, 행복한 가정을 이루어 잘 살고 싶은 마음을 반복해서 표현하고 드러내면 회복이 된다.

나는 이 책을 통해서 악순환하고 있는 부부들이 어떻게 선순환의 부부 관계를 맺을 수 있는지 보여 주고 싶었다. 처음에 그들이 어떤 기대를 안고 만났는지, 어디선가 어긋나게 된 그 기대를 어떤 이해를 통해 바로잡을 수 있는지 보여 주고 싶었다. 상담실에서 눈물과 고통의 골짜기를 지나 자신들의 부부 관계를 아름답게 회복했던 부부들 얼굴이 떠오른다. '골이

깊으면 산도 깊다'는 말처럼 그들 부부 관계의 골짜기는 좀 더 휴식하며 아름다운 경치를 바라볼 수 있는 깊은 산을 만들어 내기도 했다. 상담실에서 눈물과 웃음을 함께 나눈 내담자들에게 응원을 보낸다. 결혼 생활을 시작하여 이제 남편과 아내가 되어 가고 있는 부부들, 결혼을 앞둔 예비부부에게도 이 책이 결혼 생활을 함께할 수 있는 지혜로운 안내서가 되길 기도한다.

이 책이 나오기까지 기획과 진행을 총괄한 고준영 기획자, 편안하게 책을 만들 수 있는 분위기를 만들어 주고 여러 사례와 적절한 피드백을 제공해 준 미류책방 미미와 류, 이 작업에 함께 참여해 준 데이비드 서·최은숙 부부에게 진심으로 감사드린다. 끝으로 책을 쓰는 동안 지혜와 열정을 주신 하나님께 감사드리며, 부부로서 함께 살며 나를 성장시켜 준 아내에게 이 책을 바친다.

김용태

차례

1부

결혼
이해하기

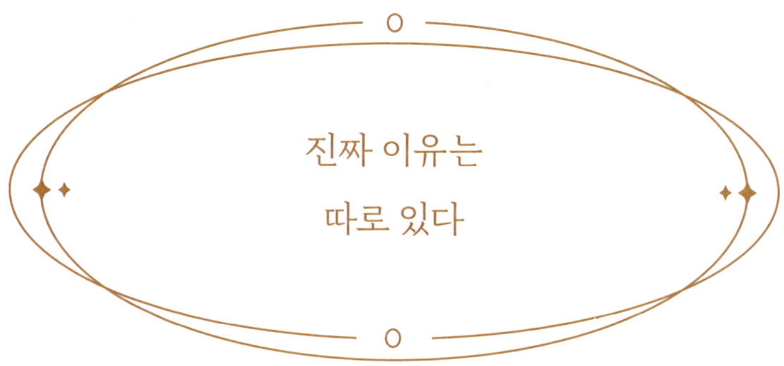

지금 상담하고 있는 20년 차 부부가 싸우는 주제는 '현관 바닥과 맨발'이다. 남편이 집에 들어오고 나갈 때 현관 바닥에 발을 디딘 채 신발을 신고 벗는데, 아내는 그것이 몹시 싫다. 처음에는 바닥을 딛지 않고 바로 신발을 신을 수 있도록 남편이 나갈 때마다 현관 앞에 구두를 대령해 두기도 했다. 그러나 남편은 바닥에 내려서서 신발을 신곤 했다. 손님이나 누가 오면 아예 맨발로 바닥을 디딘 채 현관

문을 열어 준다. 아내는 남편의 그런 모습에 신경증에 걸릴 지경인데, 아무리 얘기를 해도 남편은 신혼 때부터 지금까지 달라진 게 없다.

아내에게 맨발로 현관 바닥을 딛는 것이 왜 그렇게 싫으냐고 물었더니, 현관 바닥에 묻은 지저분한 것이 집 안으로 들어오는 것이 싫다고 했다.

남편에게 물어보았다.

"맨발로 현관을 디디는 특별한 이유가 있으신가요?"

"무슨 특별한 이유가 있겠어요, 그게 편해서 그러죠. 아내가 얘기할 때는 그렇게 하려고 하는데 저도 모르게 맨발로 딛게 되네요. 하하하."

"그러시군요. 아내분 말을 들어주려고 하는데 잘 안 된다는 거네요. 아내분이 그 일로 스트레스를 받으시는데, 어떡하죠?"

"그게 글쎄, 저도 모르겠어요. 사실 저는 맨발로 디뎌도 별로 문제가 되지 않을 것 같은데, 아내가 좀 까다로워서 그래요."

남편은 자기 입장에서만 얘기를 하고 있다. 다시 남편에게 물었다.

"아내분과 잘 지내려면 이 문제를 해결하고 넘어가야 할 것 같은데, 어떻게 생각하세요?"

"그런가요? 아내가 신경질적으로 얘기하지 않으면 제가 말을 들어줄 수도 있죠."

이 말은 아내로서는 처음 듣는 이야기다.

"그러면 그동안 아내가 신경질적으로 말해서 일부러 그러신 건가요?"

"꼭 그렇다기보다 아내가 매번 신경질을 부리니 제가 더 하기 싫었던 면이 있죠."

아내는 어이없다는 표정으로 남편을 쳐다보고, 남편은 이를 외면한다.

"이거 보세요. 이이는 내가 원하는 거는 일부러 안 해 준다니까요. 내가 좋아하는 꼴을 못 봐요."

아내에게 남편은 '깨끗한 집'이라는 환상을 깨는 사람이다. 더 들어가면 '이 사람은 나를 존중하지 않아'로 연결된다.

아내는 겉으로는 현관 바닥을 발로 딛는 것이 불만이어서 싸운다고 했지만, 파고들어가다 보니 다른 이유가 있었다. 20년 전 일이었다. 첫 아이를 낳고 산후통과 우울증으로 누워 있는데, 남편이 한밤중에 친구들을 몰고 나타나 술상을 차려 달라고 했다. 결혼 후 집에 친구들을 데리고 오는 문제로 여러 번 다퉜는데, '이런 상황에 또!'라는 생각에 아내는 현관에 서 있는 남편 친구들에게 인사도 하지 않고 아이를 데리고 친정에 가 버렸다. 남편은 '친구들 앞에서 망신을 당했다'고 생각했고, 아내는 누워 있는 아내를 도와주지는 못할망정 친구들을 데려오는 '남편 같지 않은 남편'이라고 생각했다.

아내가 친정에 가 있는 일주일 동안에도 남편은 아내를 데리러 오지 않았다. 친정 부모가 "헤어질 거 아니면 집으로 돌아가라"고 해서 집으로 돌아오긴 했지만, 아내 마음에는 그 일이 지금까지 앙금으로 깔려 있다.

'애 낳고 누워 있는 아내에게 친구들 술상을 차리라던 당신! 지금도 내 생각은 조금도 안 해 주는구나. 내가 그렇게 싫다는데!'

남편도 마찬가지다. '20년 전 친구들 앞에서 개망신을 주더니, 지금도 나를 존중하지 않는구나. 맨발로 바닥 좀 딛는 게 무슨 대수라고? 그럴 때마다 잔소리하는 아내! 그런 이야기 따윈 들어주고 싶지 않다.'

이것이 많은 부부가 겪는 부부 싸움의 패턴이다. 수십 년

씩 해결되지 않고 남아 있는 앙금의 주제. 이 앙금을 해결하지 않으면 부부는 매번 다른 문제로 싸운다고 하지만 궁극적으로는 이 주제로 싸우게 된다. 이 사건이 부부에게 왜 앙금이 되었는지를 봐야 한다. 남편이 그날 밤 친구들을 데리고 온 것이 아내에게 왜 그렇게 큰 문제가 되었는지, 남편은 아내가 싫어하는데도 왜 친구들을 집에 데리고 왔는지, 친구들 앞에서 아내가 인사도 없이 친정에 갔을 때 남편 마음은 어땠는지, 그리고 친정으로 가면서 아내 마음은 어땠는지, 그런 것을 서로 물어보고 얘기를 해야 한다.

결국은 이런 것들이 남편과 아내의 결혼에 대한 기대, 판타지와 연결된다. 각자 자라온 '원가족'과도 연결된다. 표면적으로 싸우는 특정한 문제 뒤에는 이렇게 많은 배경이 있기 때문에 그 배경을 다 찾아내는 상담을 한다. 당시에 서운했던 것들을 다 꺼내 놓고 일일이 어떤 의미였는지 확인하고 말하면서 해결해 줘야 부부 사이에 쌓였던 담이 허물어지며 관계가 회복된다.

아내 입장에서는 남편이 '사사건건 문제를 일으키는 사람'이고, 남편 입장에서는 아내가 '사사건건 시비 거는 사람'이다.

아내에게는 남편이 여러 가지로 문제를 일으키는 사람이다. 거실을 어지럽히는 것도, 화장실을 깨끗이 쓰지 못하는 것도, 식탁에 음식을 흘리면서 먹는 것도 모두 다 문제다.

이처럼 아내는 깨끗한 것에 대해 집착적인 태도를 보이는데, 아마 어린 시절에 누군가 깨끗한 사람(부모 중 한 명이었을 확률이 높다)과 상호 작용을 했을 것이다. 깨끗한 사람은 상대방에게도 깨끗할 것을 요구하기 때문에 이런저런 지시나 통제를 한다. 마찬가지로 똑똑한 사람은 배우자나 자식에게도 똑똑해질 것을 요구한다. 깨끗한 사람과 똑똑한 사람이 주로 시비를 거는 사람이 된다.

깔끔한 사람은 '이래도 좋고 저래도 좋다'는 배우자를 만난다. 이런 사람을 만나면 편안하다. 자유로움을 느낀다. 아내 입장에서 보면 그게 지금의 남편이다. 반면 남편 입장에서는 깔끔한 여자가 좋다. '이래도 좋고 저래도 좋다'고 하는 여자가 아니기 때문이다. 남자는 깔끔한 것을 단아하고 절제된 모습이라며 좋아한다. 그렇게 서로 좋아하고 사랑하고 결혼한다.

그런데 결혼을 하면 완전히 달라진다. 여자가 볼 때는 남자가 지저분하다. 남편은 현관과 거실을 구별하지 못한다. 그래서 남편이 현관에 갈 때마다 보기 싫어진다. 몇 번 참다가 얘기한다. "당신은 꼭 현관에서 맨발로 있더라. 그러지 마." 이렇게 잔소리를 하다가 나중에는 현관에 서서 남편을 감시한다. 아내가 문제를 일으키는 사람이 되는 것이다.

남편 입장에서는 현관으로 가기만 하면 아내가 뭐라 하니까 불편하다. 자유가 중요한데 자꾸 통제를 하니 반발심이 생겨서 더 마음대로 한다. '네가 그럴수록 나는 더 한다'는 심산으로 아예 신발을 신은 채 거실로 들어오기도 한다. 집 안으로 신발을 던지기까지 한다. 복수심에 아내가 중요하게 생각하는 것에 손상을 입히는 것이다. 그러니 싸움이 심화된다. 이렇게 현관 때문에 싸우다가 점점 화장실, 식탁 문제로 싸움이 확대된다. 악순환 과정에 돌입하는 것이다. 자유로워서 좋았고 단정해서 좋았는데, 지저분해서 싫고 통제당해서 싫어진다.

그러다가 결정적인, 용서 못 하는 사건들이 생긴다. 이 부부의 "당신은 그때 남편 같지도 않았어!", "당신은 친구들 앞에서 개망신 줬잖아!"와 같은 사건이 생긴다. 이런 중요 사건은 원가족과 연결된다. 살면서 부모와의 관계에서 상처 입었던 것과 연결된다. 아내는 '그때도 엄마(아빠)가 내 수고를 망치는 느낌이 들었었는데, 이 사람도 그러네' 싶어진다. 아내는 자신이 아무리 집 안을 깨끗하게 하려고 해도 안 된다고 느끼며 우울해진다.

이렇듯 서로 다른 점이 좋아서 만났는데, 막상 결혼하면 그것 때문에 죽어라 싸운다. 하나도 서로 맞는 게 없다며 "당신은 내 로또야" 하는 농담까지 할 정도다. 서로를 비난하며 공격하는 악순환 관계는 노력하지 않아도 자연스럽게 형성된다. 그러나 서로 이해하고 보듬어 주는 선순환 관계는 노력하지 않으면 만들어 가기 어렵다. 부부가 선순환의 관계를 만들기 위해서는 자신의 모습을 바라보고 상대방을 이해하는 노력이 필요하다. 원가족에서 상처가 적은 사람들, 즉 부모와 사이가 좋았을수록 선순환 부부 관계를 맺을 가능성이 높다. 원가족에서 상처가 클수록, 즉 부모와 사이가 나빴을수록 악순환 부부로 살 가능성이 높다. 그래서 원가족이 아주 중요하다. 부부는 둘이 사는 것이 아니라 각자의 부모(돌아가셨더라도)와 함께 6명이 사는 것이라고 보는 이유다.

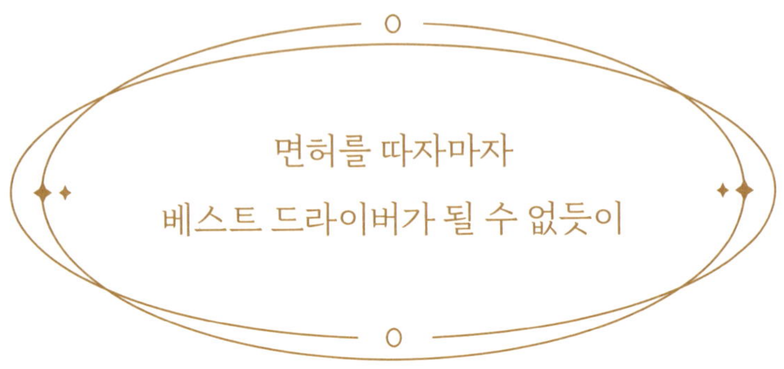

여자와 남자가 결혼을 하면 자동으로 아내와 남편이 되는데, 이는 신분상의 변화일 뿐이다. 신분에 맞는 변화를 이루기까지는 시간이 필요하다. 면허증을 따는 것과 베스트 드라이버가 되는 게 별개이듯, 남편이 되었다고 바로 남편 역할을 제대로 할 수 있는 것은 아니다. 남자가 남편이 되는 데는 오랜 시간이 걸린다. 여자가 아내가 되는 것도 마찬가지다. 결혼을 했다고 서로에게 완벽한 아내, 완벽한 남편 역할을 기대하는 것은 무리한 요구다.

'남편 되어 가기'는 아내를 알아 가는 과정이다. 남자들은 아내와 살면서 여자는 이해하기 어려운 복잡한 존재임을 알게 된다. 원래 사람 마음은 부드럽고 말랑말랑해서 상대방이 조금만 소리를 지르거나 화를 내어도 움찔하거나 위축된다. 이는 남자나 여자나 마찬가지지만, 여자는 특히 마음을 중요시하기 때문에 남편의 말과 행동에 민감하다. 따라서 아내에게는 젠틀맨이 되어 줘야 한다는 것을 깨닫고 스스로를 바꿔 가는 것이 남편 되어 가기다.

남편 되어 가기는 남자의 공격성이나 호전성을 통제하고 조절하는 자기 관리를 필요로 한다. 공격성과 호전성이 통제되지 않으면 남자는 여자에게 거칠거나 공격적으로 대하게 된다. 그러면 아내는 위축되거나 거칠어지게 되고, 부부 관계는 남자와 여자의 관계가 아닌 경쟁 관계나 동지 같은 남성적 관계를 형성한다. 사실 많은 부부가 남자와 여자로서의 관계보다는 동업자나 경쟁자와 같은 관계로 산다.

'아내 되어 가기'도 마찬가지다. 남편을 알아 가는 일이 아내 되어 가기다. 여자는 상하를 분명히 구별하기 좋아하는 남자와 달리 '좋고 싫음'을 중요시한다. 좋아하면 껌뻑 죽고, 좋아하지 않으면 비난한다. 남편이 좋으면 간이라도 빼줄 듯 잘하다가도 마음에 안 들면 비난을 하거나 잔소리를 한다.

물론 그 비난과 잔소리는 더 잘 살아 보겠다는 의도에서 비롯된다. 그러나 애석하게도 결과는 여자의 의도와는 완전히 반대로 나타난다. 남자는 잔소리를 하면 더 말을 듣지 않기 때문이다.

여자는 남자의 이런 성향을 빨리 깨닫고, 남자를 존중하고 나아가 존경해 줘야 한다. 의도는 좋았더라도 '비난하는 것은 상대방보다 우위에 서려고 하는 행동'임을 깨달아야 한다. 최고, '쓱' 올라가는 것을 좋아하지 않는 남자는 없다. 남자는 죽을 때까지 이 마음을 놓을 수가 없다. 남자는 아내를 포함하여 다른 사람보다 더 나은 사람이 되고 싶어 한다. 또한 아내와 '적정한 거리를 유지하면서' 존경받기를 원한다. 남편과 딱 붙어서 모든 것을 나누고 하나 되기를 추구하는 여자의 바람은 실현 불가능한 것이다. 여자는 '내가 아무리 노력해도 남편과 한마음이 될 수는 없구나'라는 사실을 인정해야 한다. 그러지 않으면 남편이 자기 마음 같지 않을 때마다 마음이 상해서, 자꾸 남편을 비난하고 바꾸려 한다. 비난하는 아내를 좋아할 남자는 없다. 악순환의 부부 관계가 시작되는 것이다.

사실 부부는 한마음이 될 수가 없다. 남자와 여자로서 차이가 있고, 성격 차이도 있고, 자라온 환경도 다르다. 팩트로만 보면 한마음이 '안' 되는 것이 자연스럽다. 서로 다른 사람들이 만나서 무엇이 다른지 알고 이해하는 과정이 남편 되어 가기, 아내 되어 가기다. 서로의 차이를 더 잘 이해할수록 더 좋은 남편, 더 좋은 아내가 되어 간다.

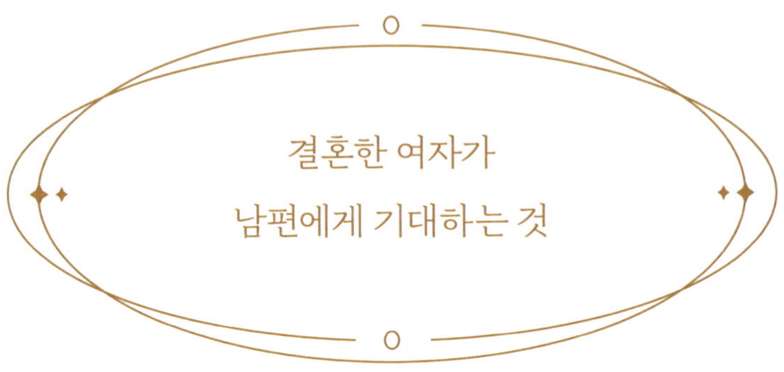

결혼한 여자가
남편에게 기대하는 것

여자에게 최초의 남자는 아버지다. 그래서 여자가 남자의 행동을 평가하는 기준은 아버지의 행동일 때가 많다. 딸 입장에서 '프레임 오브 레퍼런스frame of reference·어떤 행동을 평가할 때의 기준'가 아버지인 것이다. 아버지와의 관계가 좋을 때는 아버지 같은 남자를 만나고 싶어 한다. 물론 반대인 경우에는 아버지와 정반대의 사람을 만나고 싶어 한다. 결혼 후 남편과의 관계에서도 마찬가지다. '이 사람, 우리 아버지처럼 행동하네' 또는 '이 사람은 우리 아버지와 다르네' 하며 좋아하기도 하고 싫어하기도 한다.

아버지 같은 남편을 바라는 마음과 함께 여자에겐 아들 같은 남편을 바라는 마음도 있다. 말 잘 듣는 아들처럼 남편도 그렇게 해 주기를 바란다. 장보기, 분리수거 등을 시키는 대로 다 해 주기를 바란다. 어린 아들은 엄마가 시키면 시키는 대로 한다. 하지만 남편은 그렇지 않다. 부부 사이가 좋을 때는 시키는 대로 해 주지만, 그렇지 않을 때는 "내가 이 집 머슴이냐?", "내가 돈 버는 기계냐?"라며 말을 잘 안 듣는다. 아내가 자신을 종 부리듯 한다고 여긴다. 그러나 아내는 남편이 아들처럼 시키는 것을 잘 들어주면, 자신을 사랑한다고 생각한다.

이렇듯 여자는 남편에게 '존중하는 아버지'와 '말 잘 듣는 아들'이라는 두 가지 이미지를 원한다. 그래서 여자에게 이상적인 남편상은 '힘 있고 조곤조곤한 남편'이다. 여기에 모순이 있다. 조곤조곤한 사람은 잘 삐친다.

여자 입장에서 조곤조곤한 남자는 좋지만, 삐치는 남자는 싫다. 좀생이 같다고 생각한다. 여자는 남편에게 아버지와 같이 힘이 있는, 권위 있는 모습을 기대한다. 그래서 삐친 남편에게 "꽁해 있느니 차라리 소리를 질러"라고 한다. 삐치는 것보다는 그나마 권위를 지켰던 아버지의 모습이 낫다고 생각한다. 그래서 결국은 조곤조곤하고 예민한 남자를 소리 지르는 남자로 만들어 산다. 이 과정은 본인도 의식하지 못한다. 무의식에서 진행되는 과정이기 때문이다.

여자에게 만족스러운 남편이 되려면 이렇듯 아버지 역할과 아들 역할이 둘 다 필요하다. 그래서 남자들은 역할 전환을 잘 할 필요가 있다. 남자는 아버지같이 아내의 불평을 잘 들어주면서도 아들처럼 말을 잘 듣는 남편이 될 필요가 있다. 즉 남편은 때로는 아버지처럼 그리고 때로는 아들처럼 행동하는 센스 있는 남자가 되어야 한다. 그런데 남편이 아내에게 아버지와 아들의 역할만 하면 남자가 실종된다. 여자는 남자에게 아버지나 아들과 같은 역할을 필요로 하지만 남자도 필요하다. 남자가 여자의 든든한 동반자가 되지 못하면 여자는 그저 보호하고 심부름 잘하는 사람과만 살게 된다. 남자는 여자의 든든한 동반자가 될 필요가 있다. 인생을 살아가는 방향성을 제시하면서 같은 길을 걸어가는 남자가 여자에게는 필요하다.

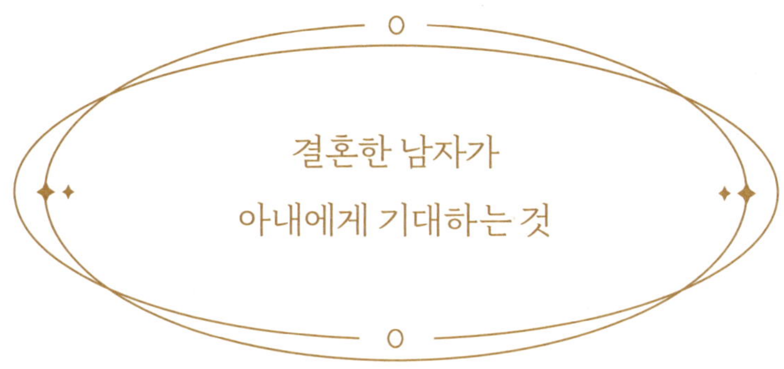

결혼한 남자가 아내에게 기대하는 것

여자가 남편에게 아버지와 아들의 두 역할을 요구하듯, 남자도 '엄마 같은 아내'와 '딸 같은 아내'를 기대한다. 보통 딸은 아버지의 말을 잘 듣고, 애교도 잘 부리고, 행동도 귀엽게 한다. 남자는 아내가 딸처럼 그렇게 해 주길 바란다. 말을 잘 듣는 딸은 아버지에게 도전하지 않는다. 아버지와 딸은 세대 차이가 있는 데다가 부모 자식이라는 격이 다른 관계이기 때문이다.

남자는 아내도 딸처럼 자신에게 도전하지 않기를 바란다. 그래야 자기가 마음 편히 살 수 있기 때문이다. 이런 남자의 마음은 파워 지향적 속성에서 기인한다. 남자는 파워 지향적이기 때문에 상하가 분명한 관계라야 마음이 편안하다. 분명한 상하 관계에서는 격이 낮은 사람이 높은 사람에게 도전하는 일이 없다. 남자들이 자신에게 도전하는 사람과 목숨을 걸고 싸우는 이유도 이런 파워 지향성 때문이다. 남자의 이런 속성을 잘 이해한 여자가 딸처럼 굴면 남자는 아주 좋아한다.

그러나 남자는 지치고 힘들어지면, 아내가 엄마 같기를 바란다. 위로해 주고 지지해 주는 엄마 역할을 기대하는 것이다. 엄마는 아들에게 필요한 것을 공급하면서 마음도 만져 준다. 엄마는 아들에게 영원한 안식처다. 결혼을 하면 그 안식처가 아내로 바뀐다. 그래서 남자는 현숙한 아내를 좋아한다. 현숙한 아내는 남편의 마음에 안식처를 제공한다. 여자는 기본적으로 모성애가 있기 때문에 남편과 사이가 좋으면 엄마처럼 해 주고 싶어 한다. 더 잘 먹이고 싶고 따뜻하게 돌봐 주고 싶다. 그러나 사이가 나쁠 때 남편이 밥을 달라고 하면 '하녀처럼 부려먹는다'고 생각한다.

남편이 아내에게 엄마와 딸 같은 역할만 원하면, 부부 관계는 급격히 나빠진다. '여자'가 실종되기 때문이다. 여자의 마음이 남편과의 관계에서 실종되는 것이다. 여자인 아내는 가끔 남편에게 심통을 부리고 싶기도 하고, 신경질을 내고 싶기도 하다. 또한 여자인 아내는 남편에게 예쁘게 보이고 싶기도 하다. 여자는 좋아하는 사람에게는 아름답고 예쁜 기억을 갖게 하고 싶어 한다. 아내는 남편에게 엄마가 되었다가 딸이 되었다가 여자가 되어야 남편과 잘 살 수 있다. 여자가 유연하고 성숙하지 않으면, 이런 여러 가지 역할을 수행하기 어렵다. 한 사람에게 두 사람, 세 사람 역할을 기대하니 부부가 같이 사는 게 기적이라고 할 수밖에 없을 것 같다.

마마보이,
파파걸

　　결혼 생활을 잘하려면 여자는 아버지가 아닌 남편과, 남자는 엄마가 아닌 아내와 붙어야 한다. 부모와 붙으면 마마보이, 파파걸이 된다. 마마보이와 파파걸은 아내와 남편을 자신의 기준이 아닌 부모의 기준으로 보려고 한다. 이렇게 되면 부부와 아내의 아빠, 남편의 엄마 등 총 4명이 동시에 상호 작용을 하는 셈이 되어 금방 끝날 부부 싸움도 복잡하고 어려워진다.

남자나 여자나 결혼을 하면 부모에 대한 고마움은 고마움으로 두고 배우자에게 집중해야 한다. 결혼으로 새로 이룬 내 가정이 있고, 그전에 부모와 살던 원가족이 있다. 당연히 주인공은 내 가정이다. 원가족은 언제나 배경으로 작동해야 한다.

원가족과 붙어서 현재 가정을 어렵게 만든 사례를 소개한다. 내담자 중에 여자 박사가 있었다. 박사 공부 뒷바라지는 남편이 했다. 그런데도 친정 엄마는 걸핏하면 남편에게 "자네, 박사 아내와 사는 걸 영광으로 알게나"라며 큰소리를 치곤 했다. 내담자도 엄마 편에 딱 붙어서 남편을 무시했다. 부부 사이는 소원해졌고 결국 남편은 바람이 났다. 모녀는 "못난 놈, 거둬줬더니 고마운 줄도 모르고 감히 바람을 피워?"라며 분해 했다. 오랜 상담을 통해 결국 내담자는 친정 엄마와 떨어져 남편에게 갔고, 남편도 아내에게 돌아왔다. 엄마와 붙은 아내, 엄마와 붙은 남편은 배우자를 멀어지게 만든다. 원가족과 떨어져야 하는 이유다.

여자의 경제적 능력이 향상되고 사회적 지위가 높아짐에 따라 장모와 사위의 갈등이 심해지는 요즘은 이렇듯 장서 갈등이 가정 내 심각한 이슈가 될 정도로 분위기가 바뀌었지만,

여전히 남자보다는 여자가 결혼 생활에서 불리한 위치에 있는 것이 사실이다. 유교 문화의 영향 때문이다. 유교 문화권의 가정은 '부부' 중심이 아니라 '부모-자녀' 관계가 중심이 된다. 그중에서도 아버지와 아들이 중심이 된다. 부부 관계는 부자 관계의 보조적인 관계일 수밖에 없는 구조다. 여자에게 아들은 자신을 여자로, 아내로, 사람으로 살도록 지켜 주는 존재였다. 그러니 아들을 끔찍하게 여길 수밖에 없고, 이렇게 키워진 남자의 머릿속은 '엄마 중심'이 된다.

문제는 결혼 후에도 남자가 자기 어머니를 중심으로 생각한다는 것이다. 이렇게 되면 '남편과 아내 중심'의 삶을 살기 어렵다. 실제로는 부부가 사는데, 시어머니가 끼어드는 형국이다. 시어머니 입장에서 보면 아들을 며느리에게 뺏긴 것 같다. 아내 입장에서는 시어머니와 경쟁해서 남편을 빼앗아 와야 할 것 같다. 샌드위치 신세가 된 남편은 부담감을 느끼고, 시어머니는 며느리가 괘씸하다. 아내는 남편에게 서운하고 섭섭하다. 이렇듯 고부 갈등은 어느 누구도 만족할 수 없는 삼각관계에서 비롯된다. 남편이 자기 부모로부터 온전하게 독립하지 못해서 발생하는 문제다.

많은 사람이 데이트와 결혼을 낭만적으로만 생각하는 경향이 있는데, 데이트를 한다는 것은 부모로부터 독립해 가는 발달 과정이다. 데이트와 결혼을 할 때 중요한 발달 과업이 분화다. 발달 과업이란 그 시기에 하지 않으면 나중에 문제가 생기는 일이다. 청소년기에는 정체성을 형성하는 것, 청년기에는 가족이 아닌 타인과 친밀함을 형성하는 것이 발달 과업이다. 특히 이 시기에는 이성과의 친밀함을 형성하여 결혼에 이른다. 그러려면 부모로부터 분화되어야 한다. 분화는 부모로부터 독립적 존재가 되는 일로 심리적 독립을 의미한다. 부모와 자신을 동등한 인격체로 볼 수 있어야 한다. 누구보다도 서로의 아픔과 어려움을 돌보고 지지하고 도와주는 역할을 하면서, 융합된 인격체가 아니라 개별적인 인격체로 설 수 있어야 분화되었다고 할 수 있다.

강단과 상담실에서 분화하도록 가르치는 나도 딸 때문에 마음이 아플 때가 있다. 딸이 나와 먼저 약속을 해 놓고선, 남자친구가 만나자고 하면 나와의 선약을 가볍게 깨기 때문이다. 1순위에서 밀려난 2순위의 슬픔을 느낀다. 섭섭한 마음이 계속 쌓여 딸에게 "아빠냐, 남자친구냐"를 선택하게 하고 싶기도 하다. 그러나 나는 이런 마음을 다스리고 있다. 이제 딸이 나로부터 분화를 해서 독립을 해야 할 시기이기 때문이다. 나는 딸의 배경으로 물러나 있어야 한다. 딸이 자신이 좋아하는 남자와 아름다운 관계를 만들어 가는 과정을 지켜보는 재미에 만족해야 한다.

"아빠, 오늘은 아빠와 약속한 날이지만 남자친구를 꼭 만나야 할 일이 생겼어요. 약속 어겨서 미안한데, 오늘은 아빠가

양보해 주세요.”

딸이 아버지에게 이렇게 말을 할 수 있으면 분화가 이루어진 상태다. 아직 독립하지 못한 자녀는 이렇게 아버지를 달래주는 대화를 하기 어렵다. 부모로부터 벗어나고 싶은 마음이 많으면, 섭섭한 부모의 마음을 인식하지 못한다. 반면에 부모의 서운함과 섭섭함을 자신에 대한 통제로 느끼면 부모에게 반발한다.

“그러냐? 무슨 일인지는 모르겠지만, 잘 해결해라.”

아버지에게 양해를 구하는 딸에게 이처럼 대답하는 아버지도 배경으로 물러날 줄 아는 성숙한 아버지다. 그러나 배경으로 물러나지 못하고 “저것이 키워 놨더니 아버지 알기를 뭣처럼 아네?” 하며 서운해 하는 아버지도 많이 있다. 열등감이 있는 아버지는 “이제 컸다고 나를 무시하는구나. 마누라 복이 없으니 딸 복도 없지” 하면서 딸을 괘씸하게 여긴다.

자녀가 데이트를 시작하면 ‘아, 이제 뒤로 물러날 때가 됐구나!’ 하고 물러나는 것이 성숙한 부모다. 부모와 사이가 좋은 사람 중에 결혼을 못 하는 사례들이 있는데, 부모가 배경으로 물러나지 않고 계속 전경에 있어서다.

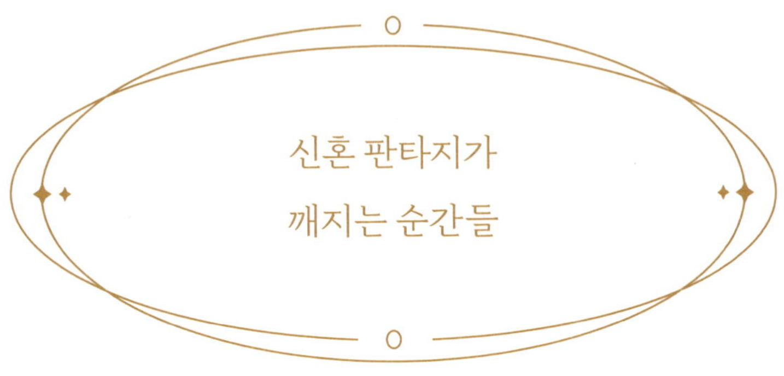

데이트를 할 때는 그렇게 서로 좋아하더니 신혼여행을 다녀오자마자 관계가 삐거덕거리는 신혼부부가 많다. 데이트와 결혼에 대한 이해 부족 때문이다. 사랑은 환상에 의한 결합이다. 로맨틱 러브는 언제나 현실이 아닌 환상을 기반으로 한 관계다. 판타지는 결핍에서 생긴다. 누구나 어린 시절 성장 배경 안에서 결핍을 느낀다. 부모의 사랑을 충분히 받지 못한 심리적인 결핍, 돈이 부족해서 경험한 생

활의 결핍, 형제가 없어서 외로웠던 친밀함의 결핍 등이 생긴
다. 부모도 인간인지라 다 해 줄 수는 없기 때문이다.

살면서 갖지 못했던 것, 부족했던 것을 찾아서 사랑에 빠
진다. 나만 바라봐 주는 멋진 남자친구, 예쁜 여자친구는 나를
완전하고 온전하게 만들어 주는 것 같다. 청춘 남녀가 사랑하
는 사람을 만나면 마치 세상을 다 얻은 것처럼 행동하는 것은
바로 이 때문이다. 특히 현대 사회는 사랑에 빠진 남녀의 판타
지를 시스템으로 잘 받쳐 준다. 영화관, 놀이공원, 고급 레스토
랑, 쇼핑센터, 멋진 직원들의 서빙 덕분에 데이트를 할 때는 판
타지가 현실처럼 느껴진다.

그런데 결혼을 하면 이 시스템 일부가 없어진다. 리얼리티
가 생긴다. 결혼하면 집에서 밥을 해 먹어야 하니 설거지가 생
긴다. 청소도 해야 한다. 무엇보다 서로의 멋지고 예쁜 모습이
아닌 흐트러진 모습도 많이 보게 된다. 삶의 많은 부분은 일상
이지 판타지가 아니다. 그래서 결혼이라는 실생활에 들어오면
데이트 때 좋았던 판타지의 힘이 약해진다. 결핍 때문에 생겼
던 판타지보다 그동안 내가 익숙하게 살아왔던 내 삶의 스타일
이 훨씬 비중이 커지고, 상대에게도 그걸 요구하게 된다. 그래

서 결혼하면 연애할 때와 다른 것이 요구되고 갈등이 생긴다. "결혼하니 변했다"는 얘기가 나오는 이유다.

판타지는 결혼 후 1~3년이면 모두 깨진다. 많은 부부가 자신의 판타지를 유지하기 위해 서로 싸운다. 왜 싸우는지 이해도 못 한 채 싸움에 휘말리게 되는 것이다. 이 과정에서 서로 상처를 주고받는데, 이 상처가 치유되지 않으면 결혼 생활은 불행해진다.

결혼 후 서로가 변했다며 싸우는데, 변하는 것은 당연하다. 이런 것만 알아도 부부 싸움이 줄어든다. 2부에서는 서로 죽고 못 살 정도로 좋아해서 결혼을 했는데도 왜 부부 싸움을 하게 되는지, 부부 싸움은 꼭 나쁜 것인지, 부부 싸움이 좋은 점이 있다면 무엇인지, 부부 싸움에 관한 오해와 진실에 대해 살펴보겠다.

2부

잘 싸워야
잘 산다

부부는 안 싸울 수가 없다. 결혼 전 각자 20~30년 살아온 습성과 정체성, 가족 배경이 다르다. 남녀 차이도 있다. 그러니 갈등이 생기고, 내 것을 주장하다 보면 싸우는 게 당연하다.

정서적으로 가까우면 가까울수록 부부 싸움은 더 많아진다. 정서적으로 가깝다는 것은 기대가 많고 상대가 나를 예민하게 봐 주기를 바란다는 얘기이기 때문이다. 나와 상관없는 사람에게는 기대가 없다. 서로 가까워야 아무 생각 없이 한 행동이나 말에 서로 "왜 그랬느냐?"고, "어떻게 그럴 수 있느냐?"고 묻기도 하고 항의도 한다. 사람은 주의를 끌고 싶을 때도 있지만, 자유롭고 싶을 때도 있다. 별 뜻 없이 한 말과 행동에 이렇게 일일이 반응하면 간섭으로 느껴지고 피곤해진다. 상대방의 일거수일투족이 관심 사항이니 싸움이 일어날 수밖에 없다. 가까우면서 갈등이 없기를 바라는 것은 불가능한 꿈이다.

직장 갈 때를 제외하곤 어디든 같이 가고, 무엇을 하든 함께하는 30대 잉꼬부부. 두 사람은 싸우지 않고 넘어가는 날이 하루도 없다. 함께 마트에 다녀온 저녁, 아내가 남편에게 따진다.

아내 당신 아까 마트에서 나한테 왜 그랬어? 계산이 틀린 것 같아서 직원에게 다시 해 달라고 하니까 나한테 얼굴 찡그렸잖아.

남편 아, 그거? 우리 뒤에 줄이 길어서 빨리 끝내려고 그랬지.

아내 타임 세일하는 물건을 원래 가격으로 처리하는 것 같아서 확인해 달라고 한 건데, 당신은 그것도 모르고 나한테만 뭐라고 했잖아.

남편 정확하게 계산했겠지.

아내 당신은 내 편이 아니야. 늘 남의 편이라니까.

이 부부는 친밀해서 싸운다. 친밀하니까 눈짓 하나 표정 하나에 예민하게 반응하고, 말을 하면서 께름칙함을 털어 버리려고 하는 것이다. 사이가 좋지 않은 부부는 이 정도의 일로는 얘기하지 않는다. 이미 더한 것들로 상처를 입었고, 대화로 풀 수 없는 상태이기 때문이다.

그러나 부부는 아무리 관계가 나빠졌어도 회복이 가능한 관계다. 예외는 있겠지만 부부에게는 기본적으로 서로 좋아하는 마음이 있고, 화목한 가정을 이루고 싶어 하는 소망이 있다. 아무리 심하게 싸웠더라도 이런 마음을 표현하고 드러내면 부부 관계는 회복된다. 선순환 부부는 이런 좋아하는 마음을 표현하고, 악순환 부부는 표현하지 않는다. 싸우되 싸움이 악순환으로 가지 않도록 하면, 부부 싸움은 서로를 알고 성숙하게 하는 좋은 계기가 된다.

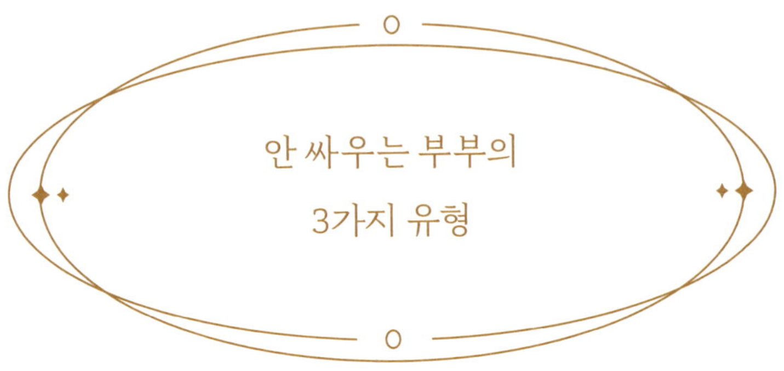

종종 "우리는 한 번도 싸운 적이 없다"라고 얘기하는 부부가 있다. 여기서 말하는 싸움이란 큰 소리를 내는 싸움은 물론이고, 너무 작은 일 같아서 그냥 넘어는 가지만 기분이 상하는 것까지 포함한다. 부부 관계는 사소해 보이는 일들이 결정한다. 사소하게 기분 상하는 일들이 모여서 부부 사이의 거리를 만들고, 마음이 닫히게 된다. 부부가 싸우지 않는 경우는 다음 세 가지 중 하나다.

1. 신혼일 때

이때는 싸워야 하는지 아닌지 몰라서 못 싸운다. 싸워야 할지 말아야 할지 확신이 서지 않을 때는 싸움을 못 한다. 눈에 콩깍지가 씌어 있는 상태라 싸우지 않고도 넘어간다. 그러나 어색하고 이상한 느낌을 가진 상태로 살게 된다.

결혼한 지 한 달 된 새내기 부부. 신혼집인 빌라가 너무 춥다며 아내가 이번 겨울만 친정에 들어가서 지내자고 한다.

아내 자기, 우리 집 너무 춥다. 도저히 못 살겠어.

남편 그래. 집이 뭔가 문제가 있는 거 같긴 해. 너무 춥다.

아내 이번 겨울만 우리 집에 들어가서 지내면 어떨까. 직
장 다니면서 살림도 해야 하는데 엄두가 안 나.

남편 장인어른, 장모님께 죄송해서 어떻게 그렇게 해?

아내 우리 엄마 아빠는 문제없어. 내가 간다고 하면 좋아
하실 거야. 자기 부모님께만 허락받으면 돼.

다음 날 저녁. 아내가 환한 얼굴로 남편을 맞는다.

아내 어서 와. 오늘 엄마한테 전화했는데 추운 집에서 살면 골병든다고 와서 지내라고 하셔. 자긴 부모님께 연락했어?

남편 그래? 나는 아직 말 못 했는데…….

아내 왜? 나는 이번 주말에 당장 필요한 거만 챙겨서 엄마 집으로 들어가고 싶단 말이야.

남편 그래도 집에 얘기하기가 영 꺼려지는데…….

아내 날 위해서 그 정도도 못 해 줘?

남편 아 그래, 그래. 알았어. 엄마한테 잘 말씀드려 볼게. 대신 겨울만 지내고 나오는 거다.

아내 당연하지. 내가 계속 있자 그럴까 봐? 걱정 마. 자기, 고마워.

남편은 그렇게 하고 싶지 않지만 아내가 간절히 원하니 처갓집으로 들어가기로 했다. 부모님은 그러라고는 하셨지만 탐탁지 않은 눈치였다. 이래저래 남편은 영 찜찜하다. 아내가 자신을 존중하지 않는 것 같고, 다른 사람들 특히 장인어른과 장모님께 체면이 안 서는 것 같다. 이런 느낌은 지금 당장은 신혼이라 별문제 없이 넘어갈 수 있다. 그러나 앞으로 부부 관계가 안 좋아지면 갈등 요소로 등장할 가능성이 매우 높다.

2. 정서적으로 멀어졌을 때

부부는 둘 사이의 정서적 거리를 조정할 때까지 많이 싸우다가 일단 조정이 되면 안 싸운다. 상대방이 어떤 부분을 건드리면 삐치는지, 성질을 내는지 알게 되면 건드리지 않게 된다. 건드리지 않는다는 것은 상대방에 대한 기대를 접고 각자의 스타일에 맞게 편안해졌다는 얘기다. 결국 정서적으로 멀어졌다는 의미다.

남편의 퇴직 후 빵집을 운영하고 있는 중년 부부. 두 사람은 함께 있는 시간이 많은데도 싸우질 않는다. 같은 건물 상인 친목 모임에서 아내와 옆 가게 주인이 나누는 대화다.

"두 분은 금슬이 아주 좋은가 봐요. 종일 같이 일하면 싸울 때도 있을 텐데 전혀 그러질 않는 것 같아요."

"네, 우리들은 옛날에 싸움 끝냈어요. 이젠 서로 뭘 건드리면 싫어하는지 아니까 안 건드려요."

"아유, 우리는 엄청 싸우는데 부럽네요."

"나이 먹어서 싸울 기운도 없어요."

"에이, 무슨 말씀을요."

"남편은 남편대로, 저는 저대로 각자 놀아요. 퇴근 후 이이는 친구들 만나고 저는 집에 가거든요."

"부부가 같이 안 가고요?"

"저는 집안일 해야죠. 남편은 친구들 만나서 술 한잔 하고 들어오고요."

이 부부는 종일 같이 지내지만 정서적으로는 멀어져 있다. 동업자라고 해도 무리가 없을 정도의 관계다. 정서적으로는 서로를 건드리지 않으면서 일만 하며 사는 일 중심의 부부 관계를 맺고 있다.

3. '척'하는 것

실제로는 싸우면서 안 싸우는 척하는 거다. 싸움은 말로 할 때가 많지만 말없이 싸우기도 한다.

각방을 쓰고 있는 40대 부부. 아내는 안방, 남편은 서재에 침대를 놓고 지낸다. 남편은 더위를 못 참고 아내는 추위를 못 참는다는 것이 공식적인 이유지만, 실제로는 같은 공간에 있는 게 불편하기 때문이다.

주말 안방

아들에게 아내가 물어본다.

"아빠 뭐 하시니?"

"나가려고 준비하시는 것 같아요."

"어디 가시는데?

"잘 모르겠어요."

"아빠 기분이 어떤 거 같아?"

"그냥 보통인 것 같은데요, 왜요?

"아빠 어디 가시는지, 네가 궁금한 것처럼 물어보고 와. 엄마가 시켰다고 하지 말고."

"네."

서재

"아빠, 어디 나가세요?"

"왜? 엄마가 물어보라 그러시던? 어른이 하는 일에 왜 신경을 써? 너는 네 할 일이나 잘해."

“에이, 어디 가시는데요?”

“친구 만나러 간다. 엄마는 뭐 하시니?”

“엄마는 고모하고 통화해요.”

“무슨 통화?”

“할머니 생신 얘기하시는 것 같던데요.”

“그래? 아빠 나갔다 온다.”

“네. 안녕히 다녀오세요.”

다음 날 저녁 식탁

“이번 어머니 생신 모임 장소는 고모네가 예약하기로 했어요.”

“응. 알았어.”

아내는 남편을 보며 말을 하지만, 남편은 아내 얼굴을 보는 대신 식탁에만 눈길을 준다.

“돌아가면서 하는 거니까 이번이 고모 순서라고 알려 줬어요. 어머니 선물 생각나는 거 있어요?”

“당신이 알아서 해.”

“할머니는 돈을 드리면 좋아하시던데?”

아들이 끼어든다.

"이 녀석이! 할머니가 언제 그러셨어?"

남편은 식탁에 앉은 후 처음으로 웃는다. 업무 미팅 같은 대화에 아들이 끼어들면서 겨우 가족 같다. 이 부부는 지금 소리 없는 전쟁 중이다. 겉으로는 별일 없이 사는 것 같지만 서로를 못마땅해하고 좋아하지 않는다.

그래서 직접적 관계보다는 간접적 관계를 하고 있다. 아들이 엄마와 아빠를 연결하고 이어 주는 구원자 같은 역할을 한다. 아들은 나중에 심리적으로 문제를 보일 가능성이 높다. 너무 일찍부터 부모의 관계를 조정하면서 살고 있기 때문이다.

부부 싸움의
긍정적 기능

부부는 싸움을 하면서 전혀 모르던 서로의 마음을 알게 되는 경우가 많다. 평소에는 갈등을 회피하려고 쌓아 두었던 불만이 싸울 때 드러나기 때문이다. 부부 싸움의 긍정적 기능이기도 하다. 무엇 때문인지도 모르고 싸우게 되는 부부 싸움에는 여러 기능이 있다. 나를 표현하고 내 마음을 알아 달라고 싸우기도 하고, 자기의 생각과 호불호를 주장하기 위해 싸울 때도 있다. 서로 자신의 판타지를 유지하기 위해 자신과 싸워야 할 문제를 배우자 탓으로 돌리며 싸우기도 한다.

1. 나를 표현하기 위해

부부 싸움에는 자기 자신을 표현하는 기능이 있다. 말을 하지 않으면 우리는 서로 어떤 생각을 하고 있는지 알 수 없다. 부부 사이가 좋을 때는 대화를 통해 자신을 표현하지만, 그렇지 않을 때는 싸움을 통해 자기 마음을 표현하게 된다. 보통 심기가 불편할 때는 주변이 온통 마음에 들지 않는다. 그래서 가만히 있는 사람에게 불평을 하거나 "당신 왜 그래?"라며 시비를 건다. 이럴 때 배우자가 '아, 이 사람이 속상한 일이 있었나 보네'라고 생각하면서 "당신 무슨 일 있어?"라고 마음을 읽어주면 싸움이 안 된다.

그런데 심기가 불편해서 "당신 왜 그래?"라고 하니 배우자가 "왜?", "내가 뭐, 어때서?"라고 발끈하면 악순환으로 간다. 보통 지적이나 공격을 받게 되면, 상대의 마음을 헤아리기보다는 본능적으로 자기방어부터 하게 된다.

남편과 마트에 다녀와서 기분이 영 다운된 아내. 빡빡한 살림살이에 사고 싶은 것들을 제대로 사지 못하고 돌아와 마음이 좋지 않다. 남편은 그런 마음을 아는지 모르는지 넋을 놓고 TV만 보고 있다. 답답한 마음에 크게 한숨을 쉬니 남편이 힐끔 쳐다본다. 아내가 입을 열었다.

"당신 왜 그래?"

"내가 뭐?"

"왜 사람을 삐딱하게 쳐다봐?"

"당신이야말로 삐딱하게 왜 그래? 난 그냥 쳐다봤을 뿐이라고."

아내는 심기가 불편해서 그걸 표현하려고 시비를 건 것이다. 그런데 남편이 아내 마음을 읽어 주기는커녕 자기더러 삐딱하다고 하니 기분이 더 언짢아진다.

남편은 아내에게 "도대체 왜 걸핏하면 시비야?" 하고 묻는다. 부부 관계가 선순환으로 가려면 대화를 할 때 '네가 어떻다'고 하지 말고, '내가 이렇다'고 해야 한다. "당신은 왜 그래?"라고 지적하는 대신, "내가 오늘 기분이 별로 안 좋아"라고 말하면 관계가 훨씬 부드러워진다. 이렇게 자신의 입장에서 자신의 마음을 표현하는 'I-Message'로 대화를 하면, 시비를 걸거나 공격을 하지 않고도 나를 표현할 수 있다.

2. '나 여기 있어, 나 좀 알아봐 줘'

"당신이 째려봤잖아"라는 말에는 내가 표현하고 싶은 것이 있다. 째려보지 말라는 얘기도 있지만, 상대방으로부터 대접받고 싶은 마음도 있다. '나를 존중하고 부드럽게 대해 주고 어색하게 하지 말아 달라'는 마음이다. 이와 함께 '불편한 내 심기도 알아주길 바라는 마음'이 있다. 우리는 평소에 서로를 잘 알아주지 못한다. 잘해 줘도 알아줄까 말까다. 그런데 "왜 째려봐?"라고 상대방을 지적하면서 나를 알아주기를 바라니, 얼마나 어리석은가. 물론 대부분은 습관적으로, 무의식적으로 하는 행동이다.

부부 싸움이 이렇게 되면, 처음에 말하려고 했던 주제는 어느새 실종된 채 누가 옳은지 그른지를 따지다가 "왜 그렇게 말하느냐"로, 누가 더 상대의 마음을 아프게 할지 내기를 하듯 진행된다. 그 싸움에서 이긴들 상처뿐인 영광이 되고, 진 사람은 복수의 칼날을 간다.

3. 판타지를 유지하기 위해

사람은 자신이 원하는 것을 마음속에 간직하게 되는데, 이러한 마음 중 하나가 판타지다. 판타지를 유지하기 위해 부부 싸움도 한다.

결혼한 지 10년이 지난 지금도 신혼처럼 지내는 소영 씨. 신혼 때 찻잔 세트를 사러 갔다가 큰 싸움을 한 적이 있다. 살림을 다 갖춰 놓고 시작한 것이 아니어서 그릇이 모자랐는데, 특히 찻잔 세트가 없어서 불편했다. 남편과 백화점에 가서 마음에 드는 찻잔 세트를 발견해 사려는데, "비싼 물건을 산다"며 남편이 사지 못하게 했다. 예쁜 찻잔은 소영 씨에게 예쁜 가정을 이룬 여자라는 이미지를 주는 물건이었다. '예쁜 가정을 이룬 여자'가 소영 씨의 판타지였다. 소영 씨는 남편이 그 이미지를 깨는 사람같이 느껴졌다. 남편은 자기네 형편에 찻잔 세트가 너무 비싸다고 여겨 사지 않기를 바랐다. 남편은 신혼에 그런 얘기를 하자니 자존심이 상해 아내를 '쓸모없는 물건을 사는 사람'으로 만들었다.

찻잔 세트가 왜 쓸모가 있는지 소영 씨가 설명하면 할수록 남편은 더 완강하게 "무조건 사지 마라"고 했다. 공방이 오가며 서로 마음이 상했다. 이런 싸움은 작은 싸움이어도 작은 싸움이 아니다. 서로에게 찻잔 세트가 상징하는 것이 무엇인지 얘기를 해 봐야 본인들이 왜 그렇게 찻잔 세트에 목숨을 걸며 싸웠는지 알게 되고 서로를 이해하게 된다.

이혼하는 부부가 가장 많이 언급하는 이유는 성격 차이다. '성격 차이'에는 여러 영역이 포함되어 있는데, 그중 상당 부분은 '남녀 차이'다. 남자이고 여자여서 서로 다른 것뿐인데, '네가 잘못해서, 네 성격이 나빠서'라며 오해하고 싸운다.

한 사람이 성장해 온 원가족, 그 가족이 속해 있는 사회, 그 사회를 둘러싼 문화는 그 사람의 배경이 된다. 이를 '사회 문화적 차이'라고 한다. 사회 문화적 차이는 성장하면서 발생된다. 그러나 남녀 차이는 태어날 때부터 본질적이면서 근본적이다. 남자와 여자는 태어날 때부터 다르게 태어나, 남자로 살고 여자로 산다. 그 차이는 싸워서 해결되지 않는다.

연구 결과에 의하면 사회 문화적 차이는 갈등과 정비례하는 것으로 나타났다. 즉 차이가 커지면 갈등도 커지고, 차이가 줄어들면 갈등도 줄어든다. 예를 들어, 영어와 한국어를 각각 모국어로 사용하는 부부는 상대방의 언어를 이해하려고 노력하느라 다른 중요한 것을 놓치면서 살게 된다. 가사 분담 등의 일상적인 주제에 대해 의논하다가 서로 제대로 의사 표현을 못하면 갈등이 엉뚱한 방향으로 비화할 수도 있다. 같은 언어를 쓰는 부부도 서로 통역이 필요할 때가 많은데, 하물며 다른 언어를 사용하는 부부의 관계는 더 많은 노력을 기울여야 좋아질 수 있다.

이처럼 사회 문화적 차이를 수용하고 이해하려면 노력이 필요하다. 그런데 남녀 차이는 그보다 더하다. 남자와 여자는 '인간으로서'는 서로 동일하다. 남자라서 여자라서 차별이 있어서는 안 되고, 인간으로서 평등한 대우를 받아야 한다. 이러한 평등을 '동일 모델'이라고 한다. 그러나 남자와 여자는 '남녀로서'는 서로 다르다. 생물학적 구조가 다르고, 마음의 방향이 다르며, 삶을 바라보는 시각이 다르다. 이렇게 다른 남녀를 똑같이 취급하면, 오히려 공정하지 못한 것이다. 다르면 다르게 대해 주어야 한다. 이를 '공정 모델'이라 한다. 동일 모델과 공정 모델을 합하면 '공평 모델'이 된다.

남자와 여자는 인간으로서 같기 때문에 평등한 대우가 필요하고, 남자와 여자로는 서로 다르기 때문에 공정하게 대우해 주어야 한다. 남자는 남자에 맞는 방식의 관계가 필요하고, 여자는 여자에게 맞는 방식의 관계가 필요하다.

따라서 부부는 인간으로서의 평등함을 바탕으로 '남녀 차이'를 서로 배려해야 한다. 남자는 어떤 존재인지, 여자는 어떤 존재인지 서로 이해할수록 갈등은 줄어든다. 물론 그런 노력을 하지 않으면 갈등이 생길 수밖에 없다. 서로 다른 것을 틀렸다고 하고, 이해하지 못하는 것을 "너 이상하다"고 하거나 한발 더 나아가 "사람도 아니다"라며 싸우게 된다. 여자나 남자나 서로의 여성성, 남성성에 대한 기초 지식이 없기 때문에 이런 일이 벌어진다.

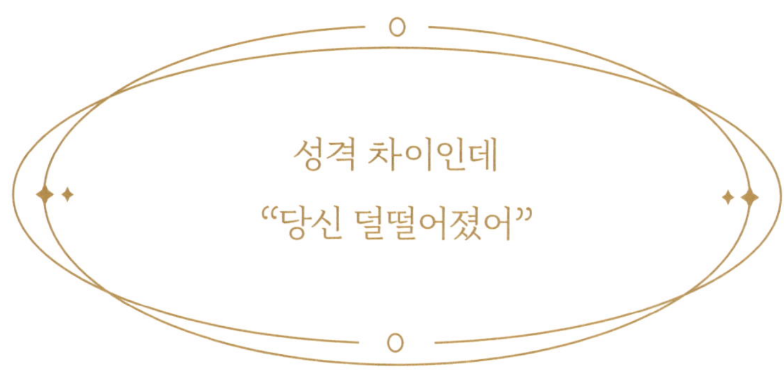

부부는 남녀 차이뿐만 아니라 성격 유형의 차이도 있다. 논리적이고 객관적인 이성형과 감정과 느낌을 중시하는 감정형은 같은 상황을 판단하는 기준이 서로 다르다.

15년째 늘 자신을 멍청하다고 구박하는 남편에 눌려 살고 있는 미현 씨. "마트에 가면 나는 필요한 물품들은 그냥 다 카트에 담는데, 남편은 그램당 가격까지 비교해서 사라고 해요.

그런 말을 들으면 머리가 지끈지끈 아프고 제 자신이 붕괴되는 느낌이 듭니다. 남편이 늘 나보다 자기가 똑똑하다고 하는데, 자신이 다른 사람과의 관계에서 얼마나 눈치 없이 행동하는지는 모른다니까요." 남편은 이성형, 미현 씨는 감정형이다. 이성형은 머리를 많이 쓰기 때문에 아무래도 정서는 덜 쓴다. 그래서 상대방이 뭘 느끼는지 잘 모른다. 자신은 객관적이고 합리적으로 표현한다고 생각하기 때문에 이런 말이 상대를 얼마나 힘들게 하는지 잘 모른다.

한편 미현 씨는 정서적인 직관을 사용할 때가 많다. 맛있어 보이는 과일, 꼭 필요하다고 느껴지는 생필품, 이러한 물건들을 통해서 전달되는 행복감을 잘 안다. 미현 씨는 얼마나 합리적으로 소비를 할 것인가보다는 가족과 자신이 얼마나 더 행복해질 것인지를 염두에 두고 마트에 간다.

악순환의 예 중 하나가 무시하는 행동이다. 이성형 남편이 감정형 아내에게 "멍청하다"고 비난하거나, 감정형 아내가 이성형 남편에게 "센스가 없다"고 비난을 하면 부부 싸움이 된다. 부부는 대체로 심리적 성숙도가 비슷하다. '내가 어떻게 저런 덜떨어진 인간을 만났지?'라고 생각하는 사람은 대체로 자기가 덜떨어진 사람이다. 자신의 부족한 면을 상대방을 통해 채워 보려고 했는데, 그렇게 되지 않으면 상대방을 비난한다.

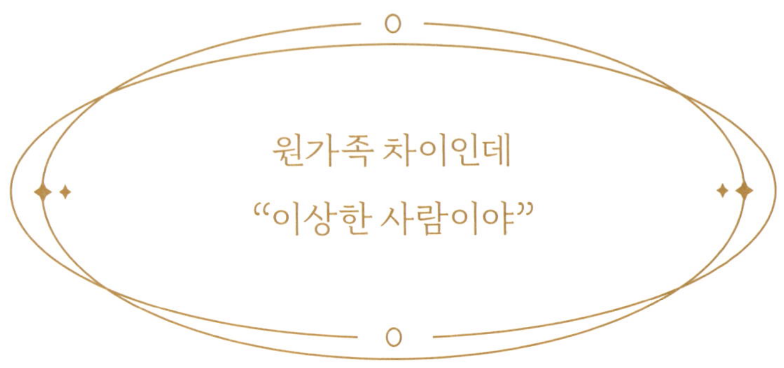

시끌벅적한 집에서 자란 사람들은 대체로 조용한 삶에 대한 판타지가 있다. 이런 사람들은 조용하고 고상한 사람을 만나면 사랑에 빠지기 쉽다. 반면에 너무 조용하다 못해서 적막하고 외로운 느낌이 드는 집에서 자란 사람들은 대체로 사람 냄새가 나는 복작거리는 분위기를 좋아한다. 이런 사람들은 활기찬 사람을 만나면 사랑에 빠지기 쉽다.

이렇게 서로 반대 유형의 집안에서 자란 사람들끼리 만나면 '천생연분'이라며 결혼한다. 그런데 결혼 후 이런 판타지가 어느 정도 충족되거나 깨지면 자신이 살아온 삶의 모습을 가지고 상대방을 판단하기 시작한다.

따뜻한 아랫목에 묻어둔 뚜껑 덮인 밥에서 어머니의 사랑을 느꼈던 남편이 있다. 그는 김이 모락모락 나는 밥을 좋아했다. 그런데 결혼을 해 보니 아내는 밥공기 뚜껑을 덮지 않는다. 밥공기 뚜껑과 관련해 남편 마음에는 여러 생각과 느낌이 있다. '밥뚜껑을 덮어야 보온이 된다, 밥뚜껑을 덮지 않으면 먼지가 들어간다, 밥뚜껑을 덮으면 밥이 마르지 않고 촉촉하다, 밥뚜껑을 열었을 때 모락모락 나는 김 속에서 어머니의 사랑을 느낀다.' 남편이 밥뚜껑과 관련해 느끼는 마음이다. 밥뚜껑과 관련된 판타지다. 아내가 계속 밥뚜껑을 덮지 않으면, '이 사람은 나를 배려하지 않는구나'라는 생각이 들었다가 '이 사람이 나를 사랑하지 않는구나'라는 생각에까지 이르게 된다.

우리가 일상에서 흔히 접하는 것에는 삶의 배경, 그 배경과 관련된 마음이 담겨 있다. 그래서 이런 삶의 소소한 것들을 매개체로 삼아 대화를 하면 마음을 나눌 수 있다. 그런데 대부분 이런 마음을 나누기보다는 "내가 밥뚜껑을 덮으라고 했잖아! 내 말을 귓등으로도 안 듣고, 나를 무시하는 거야!"라고 소리를 지르거나 화를 낸다. 이러면 관계는 급속도로 나빠진다. 이런 말을 들은 아내는 "아니, 밥뚜껑 하나 가지고 왜 저렇게 잔소리를 해. 정말 이상한 사람이야"라고 방어한다. 서로 억울해 하면서 관계가 틀어지게 된다. 이렇게 해결되지 않은 인생의 사건과 마음이 부딪치는 주제를 '끝나지 않은 일'이라고 한다.

판타지는 대체로 결혼 전 원가족 안에서 생긴다. 문제는 결혼을 해서 환경이 달라졌는데, 이런 판타지를 여전히 유지하려고 할 때 발생한다. 판타지를 유지하려고 하면 갈등이 커진다. 판타지가 깨질 것 같으면 깨지 않으려고 화를 낸다. 화는 판타지를 지키려는 방어 감정이다.

스타일에서 오는 판타지는 그다지 강력하지 않지만, 결핍에서 오는 판타지는 강력하기 때문에 부부간 깊은 대화가 필요하다.

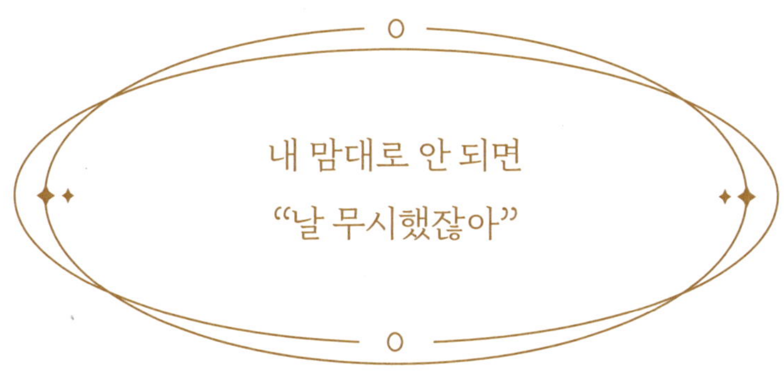

상담실에 온 부부에게 왜 싸웠느냐고 물어보면, 많은 경우 "내 체면을 깎아내려서, 기분을 나쁘게 해서, 자존심을 건드려서, 무시해서"라고 대답한다. 이를 심리적 동기로 풀이해 보면 '상대보다 우위에 서고 싶은 마음 때문'이라고 할 수 있다. 누구 생각이 더 중요한지, 누가 더 힘이 센지를 밝히려다 보니 갈등이 생기는 것이다. 부부 사이지만 강자와 약자가 생기고, 그 결과 강자는 편하지만 약자는 힘들어지게 된다.

남편과 부부 동반 모임에 다녀온 상미 씨, 집에 돌아오면 매번 남편과 싸운다.

"나 이제 그 모임 안 갈래. 오늘 회장 사모가 들고 있던 가방이 얼마짜린 줄 알아? 그 여자 온몸에 다 명품을 둘렀어. 난 이게 뭐야? 이제는 정말 입고 갈 옷도 없다고."

남편은 아내의 말을 들으며 기분이 좋지 않다.

"당신은 옷장에 옷이 얼마나 많은데, 허구한 날 옷 타령이야? 남의 마누라가 무슨 옷을 입든 그게 당신하고 무슨 상관인데?"

남편 입장에서는 아내가 회장과 자신을 비교해 얘기하는 것 같아 '자기애적 상처'가 생긴다.

"그 회장이 혼자 힘으로 성공한 줄 알아? 부인이 남편한테 어떻게 하는지 알기나 하고 하는 소리야? 새벽 5시에 출근하는 남편한테 지금까지 한 번도 거르지 않고 새벽밥을 지어서 갖다 바쳤다더라. 그런데 당신은 뭐야? 내가 출근할 때 내다보지도 않잖아. 그러고도 어떻게 남편이 성공하길 바라? 그게 바로 욕심이야, 욕심!"

"당신 지금 말 다 했어? 당신 능력이 없어서 성공 못 한 걸
왜 나한테 뒤집어씌워? 당신한테 새벽밥 아무리 갖다 바쳐 봐
라. 성공하는가."

상미 씨와 남편은 서로 자신의 체면을 지키려고 상대를 깎
아내리고 있다. 내가 우위에 있으려는 것은 권력에 대한 욕구
때문이다. 대체로 부부 중 한쪽이 권력을 갖는다. 물질 중심의
현대 사회에서는 원가족의 돈과 권력이 많을수록, 현재 돈을
더 많이 버는 사람일수록, 더 능력 있는 사람일수록, 더 희생
했다고 주장하는 사람일수록 강자일 확률이 높다. 강자와 약
자가 생기면 부부 관계는 악순환이 된다. 강자는 편하지만, 약
자는 억울하다. 서로 비슷한 상태에 있으면 주도권 쟁탈전은
끝나지 않는다.

부부 사이에 수준 차이가 있으면 싸우지 않는다. 똑같으
니까 싸운다. 서로 다른 것을 인정하지 않고 '내가 위'임을 증
명하려는 심리적 성숙도가 같으니까 싸운다. 열등감이 없으면
우월감을 느끼려고 하지도 않는다.

부부 사이에 강자와 약자가 정해지면, 겉으로는 평화가 유
지되는 것처럼 보인다. 그러나 약자가 언제까지 약자로만 남아

있는 것은 아니다. 언젠가 어떤 식으로든 복수를 한다. 그래서 부부 싸움은 이겨도 이긴 게 아니고, 져도 진 것이 아니다. 복수하는 방법도 가지가지다. 직접적으로 하기도 하고, 간접적으로 은근히 하거나 다른 사람을 동원하기도 한다. 은근히 간접적으로 이루어지는 복수를 '수동 공격적 복수'라고 한다. 이러한 복수는 '힘 있는 자가 강조하고 중요하게 여기는 것을 흠집 내는 방식'으로 이루어진다. 돈을 아끼라고 하는 배우자에게는 신용카드를 확 긁어서 복수를 한다. 먹는 것으로 뭐라 하면 먹는 것으로, 일이면 일, 자식이면 자식의 일로 복수를 한다.

3~6부에서는 부부 싸움의 원인이 되는 남녀 차이, 성격 차이, 살아온 가족 환경의 차이, 부부 사이의 권력 차이가 어떻게 갈등을 일으키는지, 어떻게 이 차이를 인식하고 이해하여 선순환의 부부 관계를 맺을 수 있는지 살펴보도록 한다.

서로 다른 별에서 온 두 사람

파워 지향적인 남자

　여성학자들 일부는 "남녀 차이는 없다"라고 주장한다. 남녀 차이는 본질적으로 주어진 것이 아니라 사회 문화적으로 형성된 것이라는 주장이다.

　남자아이에게는 자동차, 여자아이에게는 인형을 주어 사회화를 시켰기 때문에 남녀 차이가 발생한다는 것이다. 그러나 나는 오랫동안 상담을 하며 남자와 여자가 근본적으로 다름을 많이 느꼈다.

여자는 감정과 느낌이 풍부하게 발달한 존재다. 마음으로 사는 여자는 남자의 표정, 말투, 태도나 행동에 예민하고 민감하다. 남자가 이런 여자와 살기 위해서는 세심한 배려가 필요하다. 그러지 않으면 여자는 마음에 쉽게 상처를 입는다.

나는 상담을 하면서 종종 남편과 아내의 말을 서로에게 통역해 준다. 예를 들어보자. 내비게이션이 지금처럼 발달하기 전, 운전대를 잡은 남자들이 길을 찾지 못해 헤매는 경우가 많았다. 그러면 옆자리에 앉은 아내는 남편을 돕겠다는 마음으로 "내려서 길을 물어보라"고 말한다. 그러나 남편은 들은 척 만 척, 같은 길을 몇 바퀴씩 돈다. 답답해진 아내가 거듭 "물어보라"고 하면 남편은 버럭 소리를 지르며 화를 낸다. "가만히 좀 있어! 내가 알아서 한다고!!"

왜 대화가 이렇게 진행될까? 남편에게는 아내가 하는 말이 의도와는 전혀 다르게 들리기 때문이다. 아내가 "물어보라"고 하는 것은 남편을 돕기 위해서다. 그러나 남편에게는 "당신! 길도 제대로 못 찾고 뭐 하는 거야?"라는 말로 들린다. 좀 더 나가면 "당신은 무능해. 그것도 하나 못 찾고"라는 말로 들린다. 남편 입장에서는 이런 마음이 들면 들수록 목적지를 꼭 찾아서 자신의 능력을 보여 주고 싶어진다.

결혼 1년 차인 세미 씨와 현수 씨. 주방용품을 만드는 현수 씨 회사는 최근 신제품을 출시하여 전사적으로 마케팅을 하고 있다. 이 때문에 신혼 재미를 못 느낄 정도로 현수 씨가 바쁘지만 세미 씨는 남편을 적극 응원한다. 능력 있는 남편이 자랑스럽기도 하고, 내심 실적 보너스도 기대된다.

하지만 3주째 주말을 반납하자 슬슬 서운한 생각이 든다.

결혼기념일인 수요일. 세미 씨는 남편과 함께 출근을 하며 저녁 약속을 확인한다.

약속 장소는 통유리로 서울 야경을 한눈에 볼 수 있는 멋진 곳. 먼저 도착한 세미 씨의 전화가 울린다.

남편 여보, 도착했어?

아내 응, 도착했어. 여기 너무 좋다. 당신은 정말 내 취향을 잘 안다니까.

남편 그럼, 내가 누군데. 근데 내가 조금 늦을 것 같아. 미안한데 조금만 기다려.

아내 어, 그래? 얼마나?

남편 30~40분 정도.

아내 알았어. 할 수 없지. 빨리 와.

1시간을 훌쩍 넘겨 현수 씨가 헐레벌떡 도착했다. 세미 씨는 식사를 하며 결혼 첫해 동안 있었던 일을 남편과 함께 얘기하면서 추억하고 싶었다.

아내 우리 지난 1년 동안 많은 일이 있었잖아. 당신은 뭐가 제일 기억에 남아?

남편 응? 무슨 일 말하는 거야?

아내 우리 집들이했던 거, 휴가 갔던 거, 부모님 생신, 명절 등등 엄청 많은 일이 있었잖아. 그중에 제일 기억에 남는 일이 뭐냐고.

남편 다 좋았지.

아내 그게 뭐야. 뭐가 좋았냐고 묻는데.

남편 여보, 사실 나 저녁만 먹고 다시 들어가야 돼. 과장님이 오늘 결혼기념일이라고 특별히 봐 줘서 잠깐 나온 거야.

아내 1시간이나 늦게 나오고선 또 간다고?

세미 씨는 기분이 확 나빠졌다. 남편의 머릿속은 온통 회사 일뿐인 것 같다. 둘은 어색한 분위기로 대충 먹고는 자리에서 일어났다. 세미 씨는 집으로, 현수 씨는 회사로 갔다. 첫 결혼기념일, 두 사람은 냉랭한 저녁을 보냈다.

남자와 여자는 다른 세계에 산다. 남자는 일을 통해 자신의 능력을 증명하는 파워의 세계에, 여자는 마음과 마음을 연결하는 관계의 세계에 산다. 남자는 능력을 보일 때 가장 뿌듯해 하고, 여자는 사랑받을 때 가장 행복해 한다.

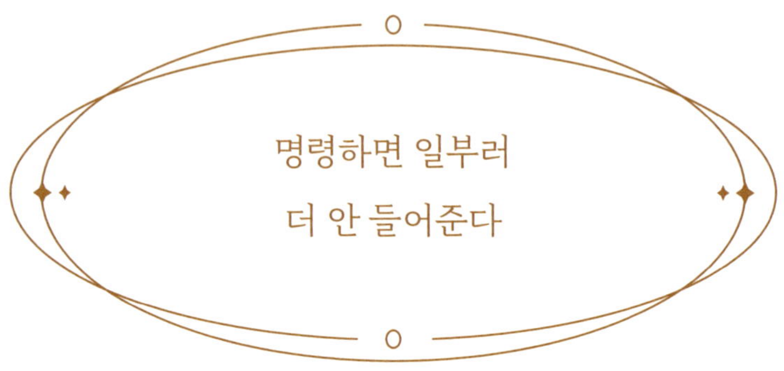

사람으로서 인간은 자율성과 독립이 중요하다. 인간은 기본적으로 자신이 원하는 대로 살고 싶기 때문에 남자든 여자든 자신이 원하는 것을 하지 못하게 하면 싫어한다. 힘 지향적인 남자는 자율성과 독립을 힘과 연결지어서 생각하고 관계 지향적인 여자는 자율성과 독립을 관계와 연결지어 생각한다. 남자는 스스로 능력이 있다고 생각할 때 이 능력으로 자신이 좋아하는 여자를 지켜 주고 싶어 한

다. 여자는 좋아하는 사람에게는 특별히 잘해 주어서 관계를
돈독하게 만들고 싶어 한다. 그러나 악순환의 관계가 되면 남
자는 가진 능력으로 자신을 보호하려 하고 여자는 그런 남자
에게 집착을 하며 오히려 관계를 나빠지게 만든다. 이런 관계
에서는 여자가 충고를 하는 말이 남자에게는 자신을 업신여기
거나 무능력하다는 말로 들리게 된다. 그래서 남자는 여자가
이래라저래라 하면 이를 명령으로 들으면서 일부러 더 안 들어
준다.

"애한테 또 그걸 사 준 거예요? 사달라는 대로 다 사 주면
어떡해요?"

남편과 함께 나갔던 아들이 커다란 로봇 박스를 들고 들어
온 것을 보고 아내가 짜증을 낸다.

"애가 사 달라는데 어떻게 안 사 줘?"

남편 언성도 높아진다.

"다음부터는 사 주지 말아요. 알았어요?"

"……."

몇 년째 계속되는 대화다. 아내는 아들이 사 달라는 대로
사 주는 남편이 못마땅하고, 남편은 자신에게 명령하는 아내

가 못마땅하다. 대놓고 말은 하지 않지만 남편은 아내 말에 따를 생각이 전혀 없다. 오히려 아내가 그럴수록 아들에게 더 장난감을 사 주고 싶다.

부부 관계가 악순환일 때 아내는 남편에게 직접적으로 말해야 한다고 생각하는데, 잘못된 생각이다. 남편이 말을 듣지 않는 이유는 말의 내용 때문이 아니다. 아내가 말을 하는 방식 때문이다. 말은 '콘텐츠(내용)'와 '폼(말하는 방식)'으로 구성되어 있는데, 남편이 싫어하는 폼이 있다. '시키기, 명령하기, 지시하기, 대놓고 말하기, 직접적으로 말하기'를 하면 아내가 상사같이 느껴진다. 실제로 상사가 그렇게 해도 기분이 안 좋을텐데 상사도 아닌 아내가 "쓰레기 버려라, 밥 퍼라, 숟가락 놔라, 애한테 책 읽어 줘라"라고 명령을 해 대니 기분이 나쁘다. 그럴 땐 "어머! 쓰레기가 쌓여서 어떡하나……"라고 혼잣말을 하는 게 좋다. 듣고 있는 남편은 쓰레기를 버려 줄 수도 있고 안 버려 줄 수도 있지만, 아내 문제를 해결해 주고 싶은 마음이 든다. 아내의 명령이 아니라 자신의 선택으로 쓰레기를 버리면, 같은 일을 하면서도 스스로 문제를 해결해 주었다고 느껴 기분이 좋다.

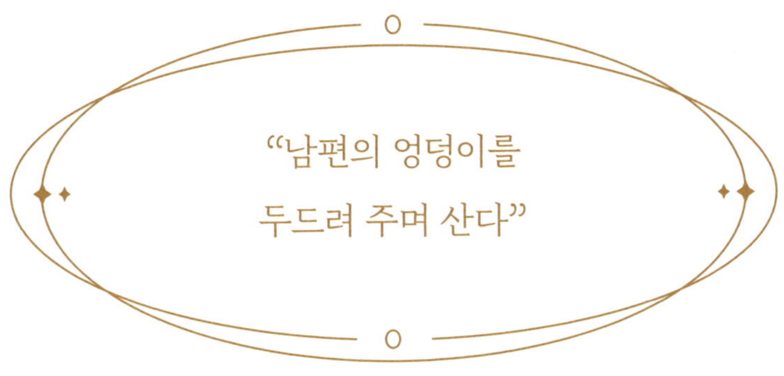

요즘 남자들이 여성스럽다고 해도
근본적으로 남자는 남자다. 남자는 일을 통해서 자신의 존재
가치가 고양되기를 원한다. 반면에 여자들은 일을 통해서 관
계가 좋아지길 원한다. 여자의 집안일은 존재감이 아니라 친
밀감과 연결되어 있다. 남자는 집안일도 '내가 얼마나 능력 있
는 존재인가' 하는 문제와 연결한다. 그래서 쓰레기를 버리거
나 못 하나 박을 때, 아내로부터 잘했다는 말을 들으면 능력 있

는 사람이 된 것 같아 좋아한다.

어떤 여자는 남편이 못을 잘 못 박으면 "저리 비켜 봐, 내가 할게!"라고 한다. 이렇게 하면 남편과 잘 지낼 수가 없다. 남자의 능력을 무력화시키기 때문이다. 남자는 자신의 무능력이 확인되면 살기 어려운 존재다. 남자는 그렇게 될수록 반발하거나 정체성이 없어진다. 반발하면 자기를 격하시킨 사람을 더 격하시켜 아예 눌러 버리는데, 이것이 폭력으로 나타난다. 그렇게 하는 것이 어려운 상황이거나 심리적으로 위축되어 있으면, 남자로서의 정체성을 포기한다. 남편이 남자로서의 정체성을 포기하면 아내도 여자로 대우할 수 없다. 아내는 더 이상 여자가 아니라 엄마나 보호자가 된다. 이렇게 되면 남편은 다른 곳에서 여자를 찾게 된다. 악순환 부부가 된다.

그렇게 되지 않으려면 아내는 남편을 높여 주어야 한다. 남편이 쓰레기를 버려 주면 "피곤할 텐데 귀찮은 일도 해 주고 고맙다"고 말해 주는 아내가 있다. 남편은 빙긋이 웃으며 좋아한다. 거기다 애정 어린 말투로 "당신 없으면 내가 못 산다"라고까지 해 주면 남자는 아주 뿌듯해 한다. 쓰레기를 버렸더니 자존감이 생기면서 거기다 애정까지 생긴다. 그러니 '다음에도 또 버려 줘야겠다'는 생각이 절로 든다. 이렇게 가면 부부 사이가 선순환으로 간다.

아내들은 보통 "우리 남편은 칭찬하려고 해야 칭찬할 게 없다!"라고 한다. 그럴수록 칭찬이 필요하다. 남편과 잘 지내는 아내들이 공통으로 하는 말이 있다. "남편 엉덩이 두드려 주며 산다."

"당신 정말 훌륭한 사람이야"라며 띄워 주면, 남편은 다른 사람과 구별되는 특별한 사람이 된다. '다른 사람보다 나은 사람, 괜찮은 사람'이 되고 싶은 남자의 잠재의식이 충족되는 것이다.

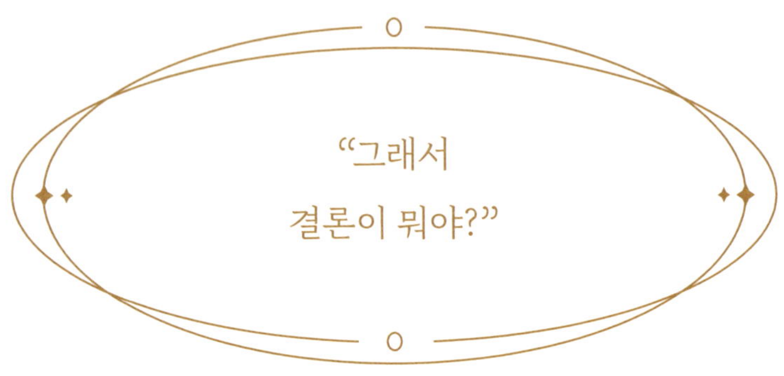

남녀는 서로 사물을 인식하는 방식이 다르다. 똑같은 현상을 놓고도 다른 반응을 보인다. 남자는 결과 중심적이다. 그래서 대화를 할 때면 꼭 "그래서? 결론이 뭐야? 요점이 뭐야?"라고 묻는다. 과정은 중요하지 않다.

여자는 결과만큼 과정이 중요한 존재다. 결과가 좋아도 친밀한 관계가 실종되면 만족스럽지 않다. 일과 파워의 세계에서는 결과가 중요하지만, 마음과 연결의 세계에서는 과정이 더 중요하다.

　일을 좇으면 외로워진다. 그러니 외로움은 일을 지향하는 리더에게 따라오는 숙명과 같다. 리더가 되면 그 대가로 외로움과 고독을 감당해야 한다. 크든 작든 공동체의 리더는 최종 결정을 혼자 내려야 하고, 그 결과에 대해서도 책임을 져야 한다. 여자는 남자의 그 외로움을 달래 주면서 리더십을 잘 발휘하도록 도와주어야 한다. 남자는 여자가 없으면 온전하게 살 수 없다. 여자의 '립 서비스'는 남자의 자존심을 올려 주어 사회에서 살아갈 힘을 준다. 밖에서 아무리 인정을 받아도 집에서 아내의 인정을 받지 못하는 남자는 자존감을 갖기 힘들다.

　아내가 남편보다 능력이 부족하기 때문에 남편을 돕고 지지하는 역할을 한다고 생각하면 큰 오산이다. 이는 한편으로는 사실이지만 다른 한편으론 사실이 아니다. 남편과 아내는 인간으로서는 동등하지만 서로 다르다. 그렇기 때문에 서로 다른 역할이 요구된다. 남편에게는 남편의 역할이 있고, 아내에게는 아내의 역할이 있다. 남편은 남편이 잘할 수 있는 것으로, 아내는 아내가 잘할 수 있는 것으로 서로 보완하면서 사는 존재가 부부다.

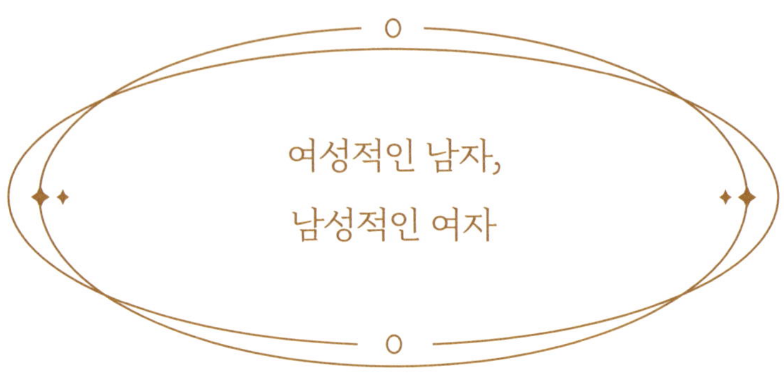

남자라고 다 같은 남자가 아니다. 남성성이 강한 남자도 있고, 여성성이 있는 남자도 있다. 여자도 여성적인 여자와 남성적인 여자가 있다.

남성적인 남자는 여성적인 여자와 맞는다. 여성적인 여자는 남자가 어디를 가자고 하면 말끝을 흐리며 애매하게 말한다. "아, 그런데……"라고 말을 흐리고, "가기 싫은데……" 하면서 따라나선다. 남성성이 강한 남자는 이런 여자를 아주 좋아한다. 이런 여자는 자신에게 도전하지 않는다고 생각하기 때문이다. 이들은 '~합니다, ~했습니다'라는 딱 떨어지는 말투에 도전하는 느낌을 갖는다. 상대적으로 여성적인 여자는 남성적인 남자에게 안전감을 느낀다. 이런 남자는 여자가 "가기 싫은데……"라고 말해도 상관하지 않고 "그냥 가!"라고 한다.

반면에 여성적인 남자는 여자가 "가기 싫은데……" 하면서 따라나서면, 같이 가면서도 계속 괜찮은지 아닌지를 물어본다. 여성성의 특징 중 하나가 '화합, 하나 되기, 마음 맞추기'다. 그래서 여성적인 남자는 여자가 불평하면 힘들어한다. '왜 이렇게 불평을 하지? 뭐가 마음에 안 드는 거지?' 하며 계속 에너지를 소모한다. 이를 해소하려고 계속 물어본다. 그러면 여성적인 여자 입장에서는 추궁당하는 것처럼 느껴져 힘들다. 이러니 여성적인 '여자'와 여성적인 '남자'는 같이 살기 어렵다.

그런데 '남성적인 여자'는 "내가 따라나섰으면 됐지, 뭘 자꾸 물어봐? 그냥 가면 되지"라고 단순하게 대답한다. 여성적인 '남자'는 이런 남성적인 여자로부터 편안함을 느낀다. 그래서 둘이 같이 사는 경향이 있다.

여성적인 남자는 여자가 따라나서는 행동 자체보다 어떤

마음으로 따라나서느냐가 더 중요하다. 그래서 마음이 편한지, 괜찮은지 계속 묻는다. 반면에 남성적인 남자는 마음보다 행동이 중요하다. 그래서 남성성이 강한 사람은 '해 준다'는 말을 많이 한다. "당신 말 들어줄게, 설거지해 줄게, 방 청소해 줄게, 애 봐 줄게"라는 말은 '내가 너를 위해 뭔가를 한다'는 뜻이다.

여성적인 남편 지환 씨, 남성적인 아내 태리 씨가 있다. 이들은 아이 없이 맞벌이를 하며 살고 있다. 남편은 인생에서 가장 중요한 것이 아내와의 화합, 둘이 한마음이 되는 것이라고 생각한다. 반면 아내는 결혼을 했어도 남편은 남편, 아내는 아내 각자의 삶이 있다고 생각한다. '화합, 한마음 되기' 같은 말은 정확히 여성적인 말이고, '각자의 삶'은 남성적인 말이다. 이 부부는 대화를 할 때마다 이 문제로 부딪친다.

지환 씨는 집에 들어왔을 때 아내가 없으면 마음이 허전하다. 오늘도 그렇다. 아침 출근길에 아내가 늦는다는 얘기를 들었지만, 그래도 혼자 밥을 먹고 싶지 않다. 소파에 멀거니 앉아 있다가 아내에게 전화를 하지만, 받지 않는다. 늦게 들어온 아내가 현관문을 열며 묻는다.

아내 여보, 나 왔어! 저녁은 잘 챙겨 먹었어?

남편 당신은 이렇게 늦게 들어오면서 왜 전화를 하지도 않고 받지도 않아?

아내 어, 내가 오늘 아침에 당신한테 얘기했잖아. 오늘 늦을 거라고. 기억 안 나?

남편 그렇긴 해도 나는 당신이 문자라도 한 번 보낼 줄 알았지.

아내 워낙 일이 많아서 깜빡했어. 화났어?

남편 혼자 밥 먹는데, 문자라도 보내 주지.

아내는 그동안 지환 씨가 이런 식의 이야기를 하면 짜증이 났다. 무슨 남자가 하루 밥 한 끼 혼자 먹는다고 이렇게 징징거리나 싶어 싸움도 여러 번 했다. 그런데 계속 이 문제로 입씨름을 할 수는 없겠다 싶어 이날은 한번 물어보았다. 아내가 자기 초월을 한 것이다. 이렇게 대화하면 부부 관계가 선순환으로 간다.

아내 당신은 내가 밖에서 늦게 들어오는 게 싫어?

남편 아니, 일이 있으면 늦어도 괜찮은데 나를 신경 쓰고

있다는 느낌을 주면 좋겠어.

아내 예를 들면 어떻게?

남편 집 안에 메모지를 붙여 놓거나 아니면 문자라도 보

내 주면 좋겠어.

아내 근데 당신은 문자를 받으면 뭐가 좋을 것 같아?

남편 당신이 집에 없어도 같이 있는 마음이 들지.

아내 알았어, 내가 다음부터는 꼭 문자를 보낼게.

남녀가 함께 사는 상황이 복잡해졌다. 남자인데 여자 같고, 여자인데 남자 같은 사람들이 많은 사회가 되고 있다. 그런데 이는 겉으로 보이는 변화일 뿐이다. 속으로는 여전히 남자는 남자고, 여자는 여자다. 그러니 상호 작용이 복잡해진다. 겉과 속이 다르다. 여성적인 남자와 남성적인 여자의 상호 작용은 겉으로는 남자와 여자의 상호 작용이다. 외면의 상호 작용은 연애할 때는 좋다. 나이가 어린 여성적인 남자는 남성성을 보이는 누나가 좋다. 잘 돌봐 주기도 하고, 마음을 의지할 수도 있다. 나이 많은 남성적인 여자는 남동생 같은 남자를 돌보면

서 좋아한다.

그런데 이 둘이 결혼을 하면 관계 양상이 달라진다. 여성적인 남자에게 있는 남성성이 나와서 자신이 원하는 대로 하고 싶어진다. 이때 남성적인 여자의 남성성이 나오면 서로 경쟁을 하게 된다. 여성적인 '남자'의 남성성과 남성적인 '여자'의 남성성이 충돌해 갈등이 생기는 것이다. 다른 한편으로 남성적인 '여자'의 여성성이 나오면 의존하고 싶고, 짐을 맡기고 싶은 마음이 든다. 이때 여성적인 '남자'의 여성성과 충돌을 한다. 이때는 여성만 존재하고 남성은 없다. 둘 다 의존하고 싶으니 서로 못마땅해지면서 신경전이 시작된다. 상대방에게 의존하고 싶은 남성적인 '여자'는 좌절하며 상대방을 미워하게 된다. 그러면서 다시 남성성이 나와 상대방을 지배하려고 한다. 이렇게 겉과 속이 다른 복합적인 상호 작용이 일어나면 부부 관계는 힘들어진다.

남녀의 중요한 차이 중 하나가 대화할 때 말의 길고 짧음이다. 보통 여자는 길게 말하고, 남자는 짧게 말한다. 나는 상담을 시작할 때 으레 내담자들에게 상담을 받으러 오게 된 이유에 대해 묻는다. 나는 남자이기 때문에 한두 마디로 간단하게 말해 달라고 하고 싶다. 그러나 그렇게 하면 여성 내담자들이 자신을 배려하지 않는다고 생각한다는 것을 알기 때문에, 말하고 싶은 대로 편하게 하라고 한다. 그러면 수많은 사건과 그것에 따른 자신의 생각과 감정을 모두 말한 후, 대체로 마지막에 자신이 왜 상담에 오게 되었는지 말한다.

남녀가 서로 완벽하게 소통하고 싶은 마음은 심리학적으로 볼 때 현실에 기반을 두지 않은 '기대'다. 부부는 '아, 우리가 다르구나, 안 통하는구나'에서 출발해야 한다. 안 통하는 사람들이 만나서 결혼까지 하고, 같이 살고 있는 것을 기적이라고 생각해야 한다.

관계 지향적인 여자는 대화를 할 때 상대방이 자신의 말을 듣고 있는지 궁금해 한다. 여자에겐 말의 내용도 중요하지만, 더 중요한 것은 말을 듣는 상대방 태도다. 상대가 자신이 하는 이야기에 관심 없어 하면 자신의 마음을 받아 주지 않는다고 느낀다.

과정을 중시하는 여자는 한 얘기를 또 하고 또 하면서 몇 시간씩 얘기한다. 그래서 결과를 중시하는 남자와 서로 대화를 하면, 남자는 여자가 쓸데없는 말을 많이 한다고 생각한다. 남편이 "요점이 뭐야!", "그래서?", "결론이 뭔데!"라는 식으로 말을 하면 아내는 남편이 자신을 좋아하지 않는다고 생각한다. 남편의 말이 "귀찮아!", "그만 이야기해!", "또 시작이군!"으로 들리기 때문이다. 그래서 실망스럽고 화가 난다.

남자가 여자와 잘 지내기 위해서는 여자가 하는 말을 주의 깊게 들어줘야 한다. 태도가 중요하다. 고개를 끄덕이거나 "응, 그래", "맞아!", "그런 것 같아", "저런", "어쩌지" 등과 같은 간단한 언어적 반응만 보여도 즐거워한다. 상대방이 자신의 말에 공감하고 있다고 느끼기 때문이다. 반면, 남자가 여자의 말에 공감하기보다 문제를 해결하려고만 하면 갈등이 생긴다. 예를 들어, 아내가 남편에게 "여보, 둘째가 너무 공부를 안 하고, 친구들하고 놀려고만 해"라고 했다고 하자. 대부분의 남편은 아이를 불러다 놓고 심하게 나무란다. 그러면 아내는 괜히 말을 꺼냈다고 후회하기 쉽다. 불안한 마음을 달래고 싶어 이야기를 꺼낸 것인데, 남편의 반응으로 더 불안해진다.

이런 경우 남편은 가벼운 마음으로 "그러면 어떻게 하지?"라고 물으면서 상의를 해야 한다. 그러면 아내 입장에서는 편안해진다. 설령 문제가 해결되지 않더라도 남편과 함께 집안의 중요한 문제에 대해 이야기를 나누고 상의하는 과정 자체가 마음을 안심시키기 때문이다.

남녀의 삶을 아주 단순하게 표현하자면 남자는 사회 속에서 살고, 여자는 마음속에서 산다. 남자는 사회 속에서 자신의 위치를 찾는 삶을 살고, 여자는 마음을 통해서 만들어진 사회 속에서 삶을 산다. 그렇기 때문에 남자는 자연스럽게 사실부터 받아들이고, 여자는 자연스럽게 마음을 먼저 표현하고 사실을 받아들인다. 남편은 사실부터 확인하고, 아내는 자신의 마음부터 표현한다.

아내가 남편과 대화를 잘하려면 감정을 넘어서 사실 쪽으로 가야 한다. 남자는 팩트가 들어오지 않으면 감정도 들어오지 않는다. 팩트가 먼저 들어와야 감정도 들어온다. 남자는 여자가 이런저런 일이 있었다고 얘기를 하면 그 말이 사실인지 아닌지부터 묻는다. 사실이 중요한 남자, 감정이 중요한 여자의 대화를 하나 소개한다.

아내 여보, 오늘 우리 옆집이 이사 갔어. 아침에 인사 왔더라. 사업이 잘 안됐나 봐.

남편 그 집 사업이 잘됐는지 안됐는지 당신이 어떻게 그리 잘 알아?

아내 안 그러면 이렇게 급하게 집을 빼서 나갈 리가 없잖아.

남편 확인도 안 해 보고 당신 마음대로 생각하지 마.

아내 차도 오래된 거 타고 다니고 그 집 여자 얼굴도 근심이 많아 보이는 게 아무래도 사업이 망한 것 같아. 애들도 어린데 안됐네.

남편 당신이 그 집이 망했는지 아닌지 알아?

집요하게 팩트를 묻는 남편에게 아내는 "그게 뭐가 중요해? 내 생각엔 그런 것 같다고! 애들도 안되어 보여서 그렇게 말하는데, 당신이 무슨 수사관이야?"라고 소리를 지른다. 그러면 남자는 사실도 아닌 이야기를 왜 하느냐고 되묻는다. 이러면 여자는 정말 얘기할 맛이 안 난다. 물론 남자 입장에서는 아내가 얼토당토않은 이야기를 지어내 혼자 북 치고 장구 치는 것처럼 보인다. 여자는 남자에게 얘기할 때, 감정을 앞세우지 말고 사실적으로 해야 된다. 남녀가 잘 지내려면 정말 눈물겨운 노력을 해야 한다.

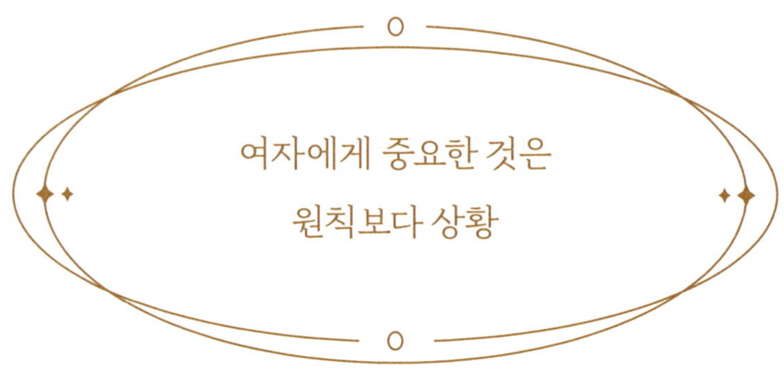

남자는 자신이 정해 놓은 규칙을 중요하게 여긴다. 반면 여자는 상황에 맞는 적절한 행동을 중요하게 여긴다.

집안일도 마찬가지다. 남자는 집안일을 할 때도 자신이 정해 놓은 원칙대로 하려고 한다. 예를 들어, 설거지를 하겠다고 하면 딱 설거지만 한다. 다른 것은 정하지 않았기 때문에 하지 않으려는 경향이 있다. 그러나 여자는 설거지를 하기로 했어도 아이들과 놀아 주어야 하는 상황이 벌어지면 아이들과 놀아 준다. 진행되는 상황에 맞게 적절하게 행동을 함으로써 관계를 원활하게 하려는 경향이 있다. 여자는 이처럼 분위기 파악을 하면서 할 일과 안 할 일을 구별한다.

집안일로 갈등을 빚고 있는 40대 부부의 얘기다. 아내는 남편이 집안일을 하나도 안 도와준다며 불만이 많다. 평소에는 합리적인 남편인데, 집안일에 대해서만큼은 보수적이라는 것이다.

"우리는 내가 돈을 벌고 아내가 집안일을 하기로 했습니다. 그래서 아내가 집안일을 하는 것에 대해 불만이 없는 것으로 알고 있었어요. 가사 노동 분담에 불만이 있으면 아내가 취업을 해서 돈을 벌어야죠!"

원칙을 정했으면 그대로 하라는 남성적인 표현이다. 하지만 아내는 다시 일을 하고 싶지 않다. 그래서 남편이 도와주지 않아서 화가 나고 힘들지만, 집안일을 다 맡아서 하고 있다고 했다.

"당연한 얘기지. 그래도 당신이 영 불편하면 말을 해."

남편이 선심 쓰듯 이야기를 하자, 아내는 그동안 쌓였던 불만을 털어놓기 시작했다.

"솔직히 같이 외출했다 들어오거나, 자기보다 내가 더 힘든 날도 내가 꼭 밥을 차려야 하는 게 힘들어. 뻔히 알면서도 아무것도 안 하는 당신한테 화날 때가 많았어."

남편도 지지 않는다.

"우리 엄마 아버지도 똑같이 종일 가게에서 일을 했는데, 집에 돌아오면 항상 엄마가 밥을 차리셨단 말이야."

원가족에서 보고 자란 것이 그렇다는 것이다.

물론 아내 입장에서는 '우리 엄마도 그랬으니 너도 그렇게 하라'는 논리가 납득이 될 리 없다. 그런 남자를 어떻게 믿고 사랑할 수 있느냐고 항의하자, 남편 대답은 간단하다.

"그러면 원칙은 뭐 하러 정해?"

이 부부가 공방전을 멈추고 선순환의 부부 관계로 가는 방법은 우선 남편에게 달렸다. 여러 말 하지 말고 아내에게 "아이고, 할 일이 정말 많네. 당신이 힘들게 생겼네!"라고 하면 아내는 힘든 상황에 남편과 같이 있다고 느낀다. 물론 "밥은 내가 차려 먹을게. 당신 좀 쉬어"라고 하면 금상첨화다. 아내로서는 배려받고 사랑받는 느낌이 든다.

마찬가지로 아내도 지쳐 퇴근한 남편에게 이렇게 말해 주면 사이가 좋아진다.

아내 당신, 바깥일 하느라고 많이 힘들지?

조금만 있어. 빨리 밥 챙겨 줄게.

집안일은 다 나한테 맡겨. 당신은 바깥일만 열심히 하면 돼!

이렇게 말하면 남편은 편안해진다. 자신의 원칙이 지켜지는 느낌과 아내에게 존중받는 느낌을 받는다. 아내가 집안일을 확실하게 해 주니, 자신은 바깥일을 확실하게 할 수 있다고 생각한다. 남편 입장에서는 아내가 자신의 원칙을 지켜주고 존중할 때 자존감이 올라간다. 이렇게 자존감이 올라가면 아내를 사랑하는 마음이 더 커진다. 그런데 이렇게 하지 않고 힘들고 피곤한 남편에게 퇴근하자마자 골치 아픈 이야기부터 던지면, 집에 와서도 일을 하는 것 같아 피로가 더해진다. 여자는 대화를 통해 마음을 나누면 힘이 나지만, 남자는 때로 일같이 느껴지기도 한다.

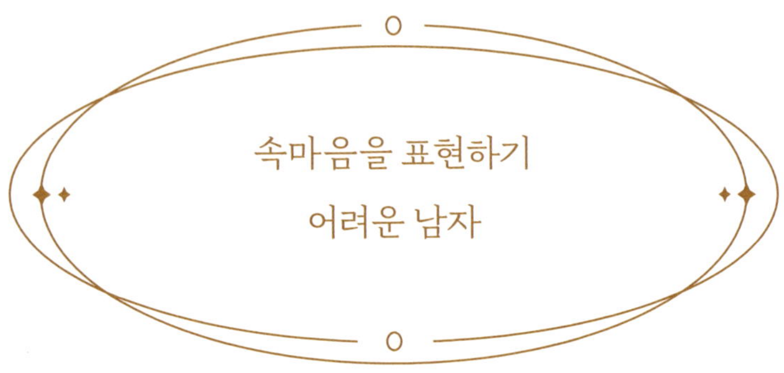

남자에겐 '쪼다'가 되면 안 된다는 강박적인 심리가 있다. 쪼다는 일도 잘 못하면서 주저리주저리 자기변명을 늘어놓는 남자다. 어려서부터 "남자는 울면 안 돼!"라는, 강한 남자가 되라는 주문을 귀가 따갑도록 들으면서 이런 심리가 자리를 잡는다. 그래서 남자는 필요한 말만 하고, 한 번 말한 것을 반드시 지키고, 가벼워 보이지 않아야 한다고 생각한다.

　　반면 여자는 속마음을 털어놓으면서 관계를 맺는다. 마음과 마음의 연결을 중요하게 생각하기 때문이다. 다음은 속마음을 드러내는 아내와 드러내지 않는 남편의 대화다.

아내 여보, 이번에 형님네 준식이가 영어 경시대회 나가서 1등을 했대.

남편 그래?

아내 응. 형님은 얼마나 좋을까. 준식이는 착한 데다가 공부까지 잘하잖아. 우리 아들은 게임만 하는데.

남편 그럴 수도 있지.

아내 당신은 걱정도 안 돼?

남편 다 때가 되면 알아서 할 거야.

아내 당신이 그러니까 애가 더 아무 생각이 없잖아. 애랑 얘기 좀 해 봐.

남편 남자애들은 하라고 하면 더 안 해. 그냥 둬.

아내 나 혼자 마음 졸이면 뭐해? 부모가 쿵짝이 맞아야 애도 말을 듣지. 나는 형님이 너무 부러워. 남편이 돈도 잘 벌어다 주지, 애들은 공부도 잘하지. 남부러울

게 없을 거 같아.

남편 그렇게 부러우면 거기 가서 살든가.

아내는 아들이 공부를 안 하는 것에 조바심이 나서 이런 저런 얘기를 하는데, 남편은 아내의 불안과 걱정에 대해 아무런 반응을 하지 않는다. 속으론 본인도 걱정이 될 수도 있는데 말이다.

2부에 소개한 부부 동반 모임에 다녀올 때마다 싸우던 상미 씨 부부. 그 집 남편도 자기 마음을 표현하지 않는다. 자신의 마음을 얘기하는 대신 아내의 정신 상태를 들먹였다.

"당신은 옷장에 옷이 얼마나 많은데, 맨날 무슨 옷 타령이야? 대체 남의 아내가 무슨 옷을 입든 무슨 가방을 들든, 그게 당신하고 무슨 상관인데?"

이렇게 말하는 대신 남편은 자기 마음을 말할 수도 있다. "나도 회장이 폼 나게 돈 낼 때 좀 부럽더라고." 또는 "당신은 꼭 그렇게 말을 해서 사람 감정을 상하게 해야겠어?"라며 좀 거칠지만 기분이 좋지 않다는 마음을 표현할 수도 있다. 아니면 아주 부드럽게 "당신 부러웠어? 나도 당신한테 그런 것을 해 주고 싶은데 못 해 주니까 미안한 마음이 들었어"라거나 "당신 부러웠어? 그래도 그렇게 말을 하니까 내가 못난 사람이 된 것 같아서 서운한데……"처럼 긍정적이든 부정적이든 자기 안에서 일어나는 감정들을 표현할 수 있다. 그런데 남자는 자기 속마음을 표현하기가 참으로 어렵다. 이런 말을 하면 쪼다같이 느껴져서 안 할 수도 있고, 이런 말을 하고 살아도 되는지 아예 모르기도 한다.

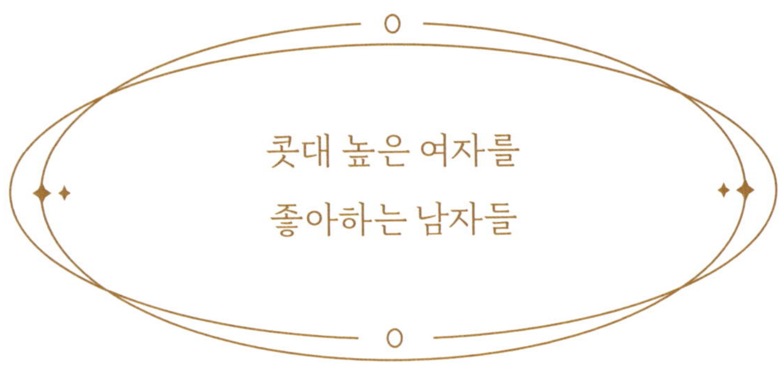

남자의 친밀감은 역설적이다. 남자는 상대가 거리를 둘수록 존경심과 가까이하고 싶은 욕구를 함께 느낀다. 존경심과 가까움은 서로 상반된 개념이다. 존경심은 거리감을 전제로 하고, 가까움은 반대로 거리가 없음을 전제로 하기 때문이다. 남자의 친밀감은 이렇게 거리를 두면서도 좁히고자 하는 모순적인 방식으로 이루어진다. 이런 모순적인 친밀감의 특성으로 남자는 여자가 거리를 두면 더

다가가려고 한다. 어려울수록 더 호기심을 느낀다. 남자는 여자가 쉽게 성관계를 허용하면 성적인 만족을 위해 좋아하면서도 다른 한편으로는 여자가 너무 쉽다고 생각해 께름칙해 한다. 존경심이 사라져 거리 좁히기를 하고 싶은 마음도 줄어들기 때문이다. 남녀가 사귀다가 성관계를 하고 나면 남자의 좋아하는 마음이 식는 이유도 이런 성향 때문이다.

여자의 친밀감은 정적이다. 남자에 대한 좋은 이미지가 생기면 즐겁고 유쾌한 느낌을 갖는다. 그 느낌을 마음속에 간직하면서 음미하고 또 음미하는 방식으로 친밀감을 느낀다. 이런 느낌은 갑자기 다가올 때도 있지만, 대부분은 서서히 다가온다. 일단 좋은 느낌이 마음속에 접수되면, 점진적인 과정을 거치며 발전한다.

영화나 드라마를 보면 남녀 차이를 알 수 있다. 우선 여자들이 좋아하는 드라마나 영화는 정적이다. 여자는 느끼고 생각하고 나누고 다시 느끼는 과정을 반복한다. 좋은 자극을 반복적으로 느끼면서 나누고 싶어 한다. 그래서 한 장면이 다른 장면으로 쉽게 넘어가기 어렵다. 반면 남자가 좋아하는 드라마나 영화는 장면 전환이 빠르고 시끄럽다. 새로운 자극을 찾으면서 친밀감을 느끼고 싶어 하는 남자의 역동성을 보여 준다.

여자가 친밀감을 느끼는 방식은 성에도 그대로 적용된다. 기분 좋은 성적 자극이나 접촉은 만족감을 주는데, 여자는 이런 자극이 반복되기를 바란다. 반복을 통해 좋은 자극을 계속 느끼면서 서서히 성적 흥분을 느낀다. 즉 점진적 과정을 거친다. 그러지 않으면 금방 성적 자극을 잃어버린다.

이런 반복적인 특성은 여자가 좋은 자극을 제공하는 남자만을 지속적으로 만나려는 이유와도 연결된다. 여자는 한 번 남자를 정하면 자주 바꾸고 싶어 하지 않는다. 여자의 성은 좋은 자극이 반복적으로 진행되는 시간과 기간을 필요로 한다. 그래서 남자는 여자와 성관계를 할 때 인내심이 필요하다. 자신이 원하는 대로 새로운 자극만 찾으려고 하면 여자를 만족시킬 수 없다. 이런 시간을 인내하며 기다릴 수 있는 남자만이 여자와 좋은 관계를 맺을 수 있다.

남자는 동성끼리 운동 경기를 하면서 친해지고, 몸싸움을 하면서 깊은 우정을 쌓는다. 여자와의 성적 친밀감도 마찬가지다. 남자는 여자의 몸을 만지면서 흥분한다. 가끔 좋아하지 않는 여자를 만지면서도 흥분한다. 지하철이나 버스 등에서 성추행이 발생하는 이유다.

여자는 누구와 마음을 나눌지 많은 생각을 한다. 마음을 나누는 남자와 성적인 관계를 맺을 가능성이 높기 때문에 마음 나누기를 조심하고 또 조심한다. 마음 나누기는 대부분 대화를 통해 이루어진다. 그래서 여자는 말에 예민하고 민감하다. 자신이 듣고 싶은 말을 들으면 친밀함을 느낀다.

여자에게 성적 친밀감은 말을 통해서 마음으로, 마음의 느낌을 통해서 몸으로 전달되어 생겨난다. 그래서 말을 함부로 하는 남자, 자신이 좋아하지 않는 말을 하는 남자, 말을 할 때 섬세함이 부족한 남자와는 친밀한 느낌을 갖기 어렵다.

남자는 시각적이고, 여자는 청각적이다. 남자가 아름다운 몸매와 예쁜 얼굴에 집착하는 이유도 이러한 시각적인 성향 때문이다. 여자도 남자의 외모를 보기는 하지만, 남자의 매너와 태도가 더 중요하다.

여자에게 성은 친밀감을 표현하는 하나의 수단이다. 마음이 상하면 성적 친밀감을 잃는다. 그렇기 때문에 여자는 자신이 좋아하는 달콤한 말을 들으면 몸이 반응을 한다. 자신이 좋아하는 좋은 분위기에 있으면 몸이 이완되면서 유연해진다. 성관계를 할 준비가 되었다는 의미다. 여자에게 성은 마음으로부터 오는 친밀한 관계를 표현하는 몸의 반응이다.

남자의 성은 성적 매력을 바탕으로 하기 때문에 성적 매력을 느끼는 여자에게 적극적으로 다가가 여자를 자신의 것으로 만들려고 한다. 이런 남자의 성향 때문에 여자는 남자를 경계하게 된다. 남자가 성적으로 적극적인 이유는 번성을 책임지는 존재이기 때문이다.

여자가 성에 대해서 소극적이고 까다로운 이유는 보존을 책임지는 존재이기 때문이다. 여자는 일단 자신이 선택한 남자를 좋게 보려는 성향이 강하다. 좋은 남자여야 보존의 가치가 높기 때문이다. 좋은 남자여야 자녀들도 좋다고 믿기 때문이다. 이런 이유 때문에 여자는 결혼을 하면 남자의 좋지 않은 부분을 고치려고 한다. 잔소리와 지적은 이런 보존 심리 때문에도 발생한다.

남녀는 성적 흥분의 빈도가 다르다. 여자는 생리적으로 한 달에 2~3번 정도 성적 흥분을 경험한다. 생리 주기와 관계가 있다. 남자는 생리적으로만 보면 한 달에 10~15번 정도 성적으로 흥분된다. 정액의 생성 주기와 관계가 있다. 이처럼 성적 흥분의 빈도에 큰 차이가 있기 때문에, 만일 남녀가 생리적인 주기로만 성관계를 하려고 하면 남자에게 어려움이 생길 것이다. 이런 차이를 메우기 위해서는 남자는 여자의 마음에 신경

쓸 필요가 있다. 여자가 마음으로 자신을 좋아하도록 만들어야 한다. 여자는 좋아하는 마음이 있어야 성관계가 가능하기 때문이다.

여자는 귀한 존재로 대접을 받으면 마음에서부터 따뜻하고 부드러운 느낌을 갖는다. 이런 사랑의 마음은 여자의 몸을 성적으로 준비하도록 만든다. 여자는 귀하게 여겨질수록 성적으로 준비가 된다. 남자는 자신이 살아가는 삶의 방향을 여자와 나누도록 노력해야 한다. 한마디로 여자를 귀히 여기고 한 팀으로 여겨야 한다.

여자는 몸과 마음이 함께 있다. 몸 따로, 마음 따로가 안 된다. 그러니 남자는 여자의 마음이 상하지 않도록 조심하고, 여자도 자신의 마음이 상하지 않도록 노력할 필요가 있다. 이런 것을 알아야 부부간의 성관계도 선순환으로 흐른다.

4부

반대 성격
유형끼리 끌린다

부부 관계를 선순환으로 돌리는 방법 중 하나가 상대방의 성격 유형을 이해하는 것이다. 부부라도 서로의 성격 유형에 대해 몰라도 너무 모른다. 그러다가 알게 되면 대부분 깜짝 놀란다. "아니, 당신이 이런 사람이었어?"라는 반응이다.

인간은 누구나 자기만의 고유한 기질을 가지고 태어난다. 여기에 부모와 주변 사람들, 환경의 영향이 더해져 성장하면서 자기만의 독특한 성질을 갖게 된다. 이 독특한 성질이 바로 성격 유형이다. 성격 유형이 다르면 생각하는 방식, 감정을 느끼는 방식 등이 모두 다르다. 감정형은 자신이 느끼는 것을 표현하고, 이성형은 자신이 생각하는 것을 표현한다.

감정형인 미현 씨는 다혈질에 흥이 많다. 남편은 전형적인 이성형으로 감정 표현 없이 사실만을 말하곤 한다. 그럴 때마다 미현 씨는 답답해서 견딜 수가 없다. 가끔 둘이 함께 차를 타고 가면, 남편은 기다렸다는 듯 "오랜만에 시간이 났는데 얘기 좀 하자"며 대화를 시작한다.

"뭘 또 얘기하자는 거야?"

남편이 얘기를 하자고 하면 미현 씨는 짜증부터 난다.

남편 난 당신이 애들 학교 보내고 다시 자는 게 문제라고 생각해. 그러니까 오전 시간을 다 버리고 늘어지게 되잖아. 영양제나 약에 의존하지 말고, 근본적으로 당신의 생활 리듬을 고치는 방법을 생각해 봐.

아내 그만 좀 해. 나 지극히 정상이야. 다른 여자들처럼 쇼핑 다니면서 돈을 펑펑 쓰는 것도 아니고, 잠 좀 자는 게 어때서? 당신은 별거 아닌 걸 심각하게 만드는 재주가 있다니까.

남편 얘기를 꺼내면 좀 진지하게 생각해 봐. 그러니까 당신이 가끔 아무 생각 없는 사람처럼 느껴지잖아.

아내 뭐? 이러니까 내가 당신하고 말하기가 싫은 거야. 취조받는 것처럼 숨이 막힌다고! 당신이 무슨 형사야?

남편 여보, 이건 화낼 일이 아니야. 마음을 가다듬고 잘 생각해 봐. 지금 당신을 공격하는 게 아니고 공격할 생각도 없어.

아내 공격하면서 공격할 생각이 없다고? 기가 막혀서! 차 세워. 난 택시 타고 갈 테니까!

이렇게 두 사람의 대화는 풍비박산이 난다. 이성형이 계속 초점을 맞추어서 얘기를 하면 감정형은 도망간다. 그러면 이성형은 성질이 난다. 자기를 무시하거나 존중하지 않는다고 생각한다.

아이러니하게도 감정형과 이성형은 서로를 배우자로 맞는 경우가 많다. 서로 같은 유형끼리는 끌리지 않는다. 감정형은 이성형이 주는 안정감에 끌리고, 이성형은 감정형이 주는 생동감에 끌린다.

카를 융은 사람의 다양한 성격적 특성을 태도와 기능의 차이로 설명한다. 정보를 수집하고 이를 바탕으로 판단할 때 사람마다 선호하는 방식이 있는데, 그 차이로 성격이 특징지어진다고 보았다. 태도 유형은 관심과 에너지가 자신의 외부에 있느냐 내부에 있느냐에 따라 '외향형'과 '내향형'으로 나뉜다. 기능 유형에는 인식 기능과 판단 기능이 있는데, 외부 정보를 수집하는 인식 기능은 오감을 사용하느냐 육감을 사용하느냐로 분류된다. 오감을 사용하면 감각형, 육감을 사용하면 직관형이다. 수집한 정보를 바탕으로 판단, 결정을 하는 판

기능 유형	인식 기능		판단 기능	
태도 유형	감각	직관	사고(이성)	감정
내향성	내향적 감각형	내향적 직관형	내향적 사고형	내향적 감정형
외향성	외향적 감각형	외향적 직관형	외향적 사고형	외향적 감정형

융의 심리 유형론

단 기능은 생각과 감정 중 어느 것을 더 많이 쓰느냐로 구별되어 이성형, 감정형으로 나뉜다.

이러한 융의 심리 유형론을 바탕으로 모녀 심리학자인 마이어스와 브릭스는 자기 보고식 성격 유형 검사 도구를 만들었는데, 그 도구가 MBTI_{Myers-Brigga Type Indicator}다. MBTI는 융의 8가지 성격 유형에 생활 양식을 보여 주는 판단과 인식 유형을 추가하여 16가지 성격 유형을 보여 준다. 일이나 계획을 처리할 때 결론을 내리고 계획을 세우는 유형이 판단형이고, 결론을 미루고 유연하게 대처하는 경향을 보이는 것이 인식형이다.

MBTI 16가지 유형에 따른 부부 관계를 다루려면 별도로 한 권의 책을 써야 할 정도다. 유형별 특징과 유형별로 부부의 상호 작용을 정리하려면 경우의 수가 많아져 아주 방대해지기 때문이다. 그동안 상담실에서 수많은 내담자를 만나 보니, 부부 사이에 갈등을 일으키는 가장 커다란 성격 요소가 이성적인 유형과 감정적인 유형이었다. 따라서 이 책에서는 성격 유형 중 감정형과 이성형의 부부 관계에 대해서만 다루고자 한다.

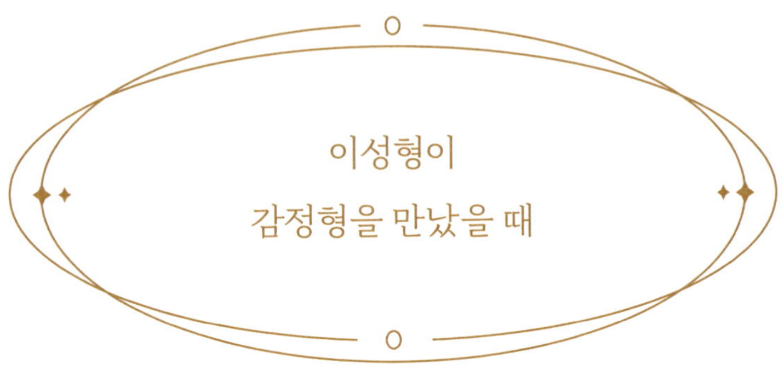

20여 년 동안 직장 생활을 하면서 단 한 번도 회사 가기 싫다는 이야기를 하지 않던 승찬 씨. 언제나 회사 일을 즐겁게 열심히 하더니, 지난해 임원 승진 인사에서 누락된 후부터 달라졌다. 회사 그만두고 싶다는 이야기를 입에 달고 살다시피 한다.

남편의 성격을 잘 아는 서현 씨는 '저러다 정말 사표라도 내면 어쩌나' 불안하다. 그러던 어느 날 근무 시간에 남편으로

부터 메시지가 날아왔다.

"나이 50에 혼자 산속으로 들어간 우리 선배 알지? 예전에는 '사회생활 힘들다고 그렇게까지 할 건 없잖아'라고 생각했는데, 요즘은 그 마음을 알 것 같아."

서현 씨는 가슴이 덜컥 내려앉았다. 그러면서도 남편이 너무 힘들어하는 것 같아 안쓰러운 마음이 들었다. 그래서 이런저런 이야기를 다 들어주고 있지만, 솔직한 심정은 남편이 그만둘 때 그만두더라도 이런 얘기를 자기한테 안 했으면 좋겠다. 그래서 어느 날 남편에게 물어봤다.

아내 여보, 당신이 자꾸 회사 그만둬야 할 것 같다고 하면 나는 무지 불안해. 당신은 나한테 그런 얘기 왜 하는 거야?

남편 당신도 상황을 알아야지. 그래야 내가 어느 날 갑자기 회사를 그만두더라도 놀라지 않지. 미리미리 대비하라고 얘기를 하는 거야.

서현 씨는 전형적인 감정형, 남편은 전형적인 이성형이다.

감정형은 한 번에 다, 확 얘기하는 스타일이고, 이성형은 계속 이어서 얘기한다.

이성형은 계획에 따라 사는 사람이라서 미리미리 이야기한다. 사전에 정보를 충분히 주는 것이다. "내가 언제 그만둘지 모르니 너도 알고 있어라. 우리 힘들어질 수 있으니까 미리 대비해라." 나중에 피해를 적게 하려는 것이다.

반면, 감정형의 특징은 터지면 터지는 것이다. 터지면 그때가서 수습을 하면 된다. 이성형 남편이 일어나지도 않은 일을 자꾸 얘기하면 감정형은 스트레스가 쌓인다. 그렇다고 상대방 이야기를 안 들어줄 수도 없다. 서현 씨 입장에서는 남편의 이야기를 들어주자니 마음이 힘들고, 안 들어주자니 남편이 당장이라도 산속으로 들어가 버릴 것 같아 딜레마에 빠진다. 서로의 성격 유형에 따라 딜레마도 달라진다.

이성형은 '미리 대비', 감정형은 '그때그때'의 특징을 보인다. 따라서 미리 대비하는 이성형이 주도권을 가지면 감정형은 스트레스를 받는다. 반면 감정형이 주도권을 가지면 이성형은 불안하다. 언제 어떤 일이 생길지 모르기 때문이다. 닥쳐서 얘기를 하면 미리 대비를 할 수가 없기 때문이다. 어느 유형이 주도권을 쥐고 사느냐에 따라 '불안한 집'이 되느냐, '스트레스 받는 집'이 되느냐가 결정된다.

대부분의 부부가 살아가는 방식을 보면, 누군가 한쪽이 권력을 가진다. 권력을 쥔 사람의 마음은 편한데, 상대방은 힘 들어진다. 그래서 선순환으로 가려면 소화하는 것이 중요하 다. 서현 씨 부부는 아내가 남편의 "언제 그만둘지 모른다"라 는 얘기를 받아줌으로써 선순환 관계로 가고 있다. 하지만 아 내의 미칠 것 같은 느낌은 해결이 되지 않고 있다. 대개의 부부 가 이런 딜레마에 빠져 답 없이 산다.

보통은 시간이 지나면 잊어버리거나, 참거나, 다른 것으 로 무마하면서 일시적 매니지먼트를 하고 산다. 부부가 잘 살 려면 이런 일을 잘 다뤄야 한다. 그러기 위해선 성장해야 한다. 성장하지 않으면 선순환으로 못 간다. 그러려면 대화가 필요 하다.

"여보, 나는 당신이 그렇게 미리 얘기를 해 주면 불안하고 힘들어."

서현 씨는 이 얘기를 남편에게 해야 한다. 서현 씨의 성장 포인트는 자기 마음 열기다. 그러면 남편은 "아니, 그게 왜 스트레스가 돼?”라고 물을 것이다. 예상치 못한 일이 갑자기 터지면 스트레스를 받는 이성형 남편에겐 미리 얘기해 주는 게 스트레스라는 아내가 이해되지 않는다. 그러면 서현 씨 입장에서는 남편이 도대체 자기 마음을 몰라주는 것 같아 속이 더 상할 수 있다. 그럴 때 “내가 지금 당신 때문에 스트레스가 쌓인다고 얘기를 하는데, 왜 쌓이느냐고 물어보니까 스트레스가 더 쌓인다”라고 얘기할 수 있어야 한다. 서현 씨는 이렇게 자신의 마음을 이야기해야 성장할 수 있다.

관계가 선순환으로 가려면 남편도 ‘왜 이 사람이 이런 말을 하지?’라고 생각해 봐야 한다. 자기가 한 말이 아내에게 어떤 영향을 미치고 있는지 눈을 떠야 한다. 아내가 힘들다고 얘기할 때, ‘왜 스트레스가 쌓여? 왜 그런 것으로 힘들어하지?’라고 자기 방식대로 생각하고 얘기하면 관계는 악순환으로 간다. 본인은 이해가 되지 않지만, 아내가 그렇다고 하면 일단 그 마음을 받아 주어야 한다. “그래? 스트레스 쌓이는구나?”라든지 “어, 스트레스 쌓였어?”라고 아내 입장에서 말하는 것이 필요하다. 아내가 “그래, 그랬어. 나 너무 힘들었어”라고 하면 선순환으로 갈 수 있다. 남편의 성장 포인트는 아내의 감정을 인지하고 수용해 주는 것이다.

여기에 덧붙여 남편이 "뭐가 스트레스였어?"라고 물으면 아주 좋다. 아내는 남편이 자신의 감정을 알아준 것 자체로 마음이 풀린다. "당신이 내가 스트레스받은 걸 알아주니 고마워"라고 얘기하면서 "내 마음을 더 얘기할까?"라고 물어볼 수도 있다. 이것이 대화다. 이런 대화가 필요하다.

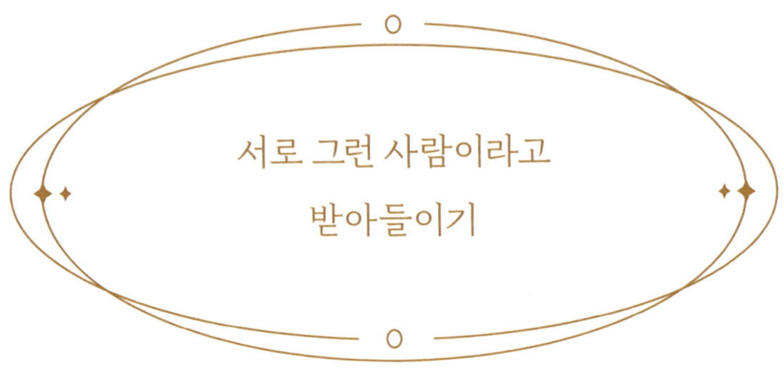

대체로 이성형은 시리즈로 질문을 한다. 이거 물어보고 통과되면 다음 거 물어보고, 다음 거 통과되면 그다음 것을 물어본다. 감정형은 이런 시리즈 질문이 싫다. 한꺼번에 말을 하지 조금씩 얘기하는 게 영 못마땅하다. 감정형은 한꺼번에 말한다. 상대에게 해결책을 달라고 얘기하는 것이 아니라 말을 하면서 스스로 마음이 풀리고 편안해지니 얘기한다. 감정형에겐 결론이 아닌 감정의 해소가 필요하다.

이성형의 성장 포인트는 한꺼번에 다 말하기다. 이를테면 승찬 씨는 아내에게 "나 요즘 두려워"라거나 "나 너무 스트레스받아서 회사 못 다니겠어"라고 한꺼번에 얘기하고 끝내야 한다. 이성형이 이번에 조금, 다음에 조금, 이런 식으로 얘기하면 언제 다음이 나올지 모르니까 감정형인 아내 입장에서는 편치가 않다. 특히 이성형은 계획을 말하지 말고, 감정을 말해야 한다. 이성형이 자꾸 계획부터 말하는 것은 불안을 줄이기 위해서다. 결국 요점은 간단하다. 불안하다는 거다. 불안하다고 솔직히 말하면 되는데, 어떻게든 불안을 줄이려고 시리즈로 쭉 만들어 놓고 조금씩 얘기한다. 그래서 감정형에겐 이성형이 쉬운 얘기를 어렵게 하는 사람으로 느껴진다.

그냥 "회사 다니기 힘들어서 죽을 거 같다" 이렇게 말하면 감정형에게는 바로 통한다. 자기감정을 얘기하면 감정형은 금방 알아듣는다. 그러면 선순환으로 간다. 감정형은 알아들으면 바로 액션으로 넘어간다. 그래서 바로 받아 준다. "그렇다고 죽기야 하겠어? 걱정 마!" 이렇게 말하면 정서적 소통은 끝난다.

승찬 씨는 가끔 서현 씨에게 "너는 사람을 열받게 하는 재

주가 있다”며 화를 내곤 한다. 그 이유를 모르고 있던 서현 씨는 여러 번 상담을 받은 후에야 그게 무슨 말인지 알겠다고 했다. “제가 가만히 있다가 한꺼번에 확 지르는 행동을 하니까, 남편 입장에서는 황당하고 화가 나는 거였네요”라고 했다.

이성형이 화가 폭발할 때는 분명한 목적이 있다. 목적이 없으면 화를 폭발시키지 않는다. 승찬 씨는 서현 씨도 그럴 것이라고 생각한다. 다들 상대방이 자기 같을 것이라고 생각한다. 그러니까 유형을 알면 ‘상대방이 일부러 나를 화나게 하려는 것이 아니라 저렇게 생긴 거구나’라고 된다.

감정형의 성장 포인트는 일단 터뜨린 다음에 하나씩 얘기하기다. 터뜨리지 않고 얘기하려면 어렵다. “나 죽고 싶어!”라고 확 터뜨리고, 그다음에 “생활비가 너무 모자라”, “마이너스 통장도 다 썼어”라고 하나씩 얘기한다. 자기 스타일을 존중하며 말하는 것이다. 감정형은 감정 자체를 터뜨리지 않으면 머리가 작동하지 않는다. 감정 자체를 해소해 주고 나서 하나하나 설명하면 이성형과 대화가 된다. 이렇게 하면 이성형도 당황하지 않는다. 카테고리를 만들어 ‘아, 저 사람은 일단 터뜨리는 사람이구나’ 하고 이해할 수 있으니 말이다.

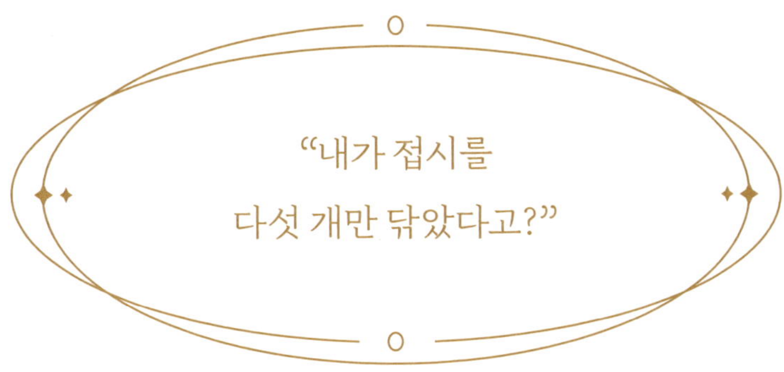

"제 남편은 10년 동안 살면서 설거지를 한두 번밖에 안 해 줬는데, 그것조차도 참 기가 막혀요. 어느 날 손님 접대를 끝내고 힘들게 설거지를 하고 있는데 갑자기 '도와줄까?' 하고 묻더니, 접시 다섯 개만 닦고 끝인 거예요. 냄비도 프라이팬도 남아 있는데 손을 딱 씻으면서 '됐지?' 하는데 얼마나 얄미웠는지 몰라요. 차라리 안 해 주는 것보다 못하더라고요."

"당신이 얘기하는 건 사실이 아니야. 그래서 당신 말에 신
뢰가 안 가는 거야."

3부에서 소개한 미현 씨 가정의 이야기다. 미현 씨는 감정
형, 남편은 이성형이다. 두 사람은 대화를 하면서 갈등을 겪는
데, 이성형인 남편이 아내가 말을 하면 사실과 다른 것을 일일
이 교정하기 때문이다.

아내 뭐가 사실이 아니라는 거야?

남편 내가 정말 설거지한 게 한두 번밖에 안 돼?

아내 그럼 몇 번이나 했어?

남편 스무 번도 넘게 했지.

남편은 아내의 '한두 번'이라는 말이 걸려 다음으로 넘어
가지지 않는다.

아내 그랬나? 내 생각엔 한두 번밖에 안 되는 것 같은
데……

남편 그리고 내가 접시를 다섯 개만 닦고 말았다고?

아내 그래, 그건 확실해!

남편 확실하다고? 접시를 열 개도 넘게 닦았는데. 당신은 당신이 해석한 것을 사실처럼 얘기하고 있잖아.

아내 당신이 설거지를 거의 안 했다는 건 사실이잖아.

남편 사실이 아니라 당신의 해석이라고. 내가 많이 해 주지는 않았지만, 당신이 얘기하는 것보다 많이 한 게 사실이야.

남편은 아내가 자신의 해석을 사실이라고 하는 것을 받아들이기 어렵다. 그것이 왜 해석인지 일일이 알려주어야 하니, 참 피곤하다고 생각한다.

아내 어쨌든 당신이 가뭄에 콩 날 만큼 설거지를 해 주면서 접시도 몇 개 안 닦아 줘서 기가 막혔다는 얘기야.

남편 사실을 틀리게 말을 하니까 당신 말에 공감이 안 돼.

아내 당신은 접시가 몇 개인지가 그렇게 중요해?

남편 그 얘기가 아니잖아.

감정형은 사실이냐 아니냐보다 자신의 마음에 접수되었느냐 안 되었느냐가 더 중요하다. 이성형은 팩트만 접수한다. 그래서 이성형은 감정형이 얘기할 때 자꾸 바로잡는다. 이를 테면 이성형은 숫자가 틀리면 브레이크가 걸려서 다음 주제로 넘어갈 수 없다.

이 부부가 선순환의 관계로 가기 위해서는 서로가 배워야 할 것이 있다. 이성형의 강점은 객관성, 합리성이다. 그런데 객관성이나 합리성을 추구하느라 팩트를 확인하면 상대방의 의도나 마음을 못 본다. 감정형이 얘기할 때 이성형은 주의 깊게 듣되, 심각하게 듣지 말아야 한다. 다섯 개라고 하는 얘기를 심각하게 듣지 말고 '뭘 얘기하려고 하지?'를 생각하면 된다.

대신 감정형은 디테일을 배워야 한다. 물론 어렵다. 이러니 이성형 입장에서는 감정형을 '엉터리'라고 여기게 된다. 계속 성장시켜야 할 대상으로 본다. 그래서 감정형을 가르쳐서 바꾸려고 한다.

"이 사람은 내가 똑똑하지 않다는 것을 인정하라고 해요. 내가 똑똑한 척하는 것이 너무 힘들다고 하면서요. 저는 남편이 그런 말을 할 때 모욕감을 느껴요."

그런데 감정형의 똑똑함과 이성형의 똑똑함은 다르다. 감정형의 똑똑함은 센스로 온다.

개념이 발달된 사람은 감각이 떨어지는데, 그것을 센스가 없다고 하면 악순환이 된다. 반대로 감각이 발달된 사람에게 개념이 떨어진다고 멍청하다고 하면 그 역시 악순환이 된다. 자기 기준으로 사람을 대하는 것이기 때문이다.

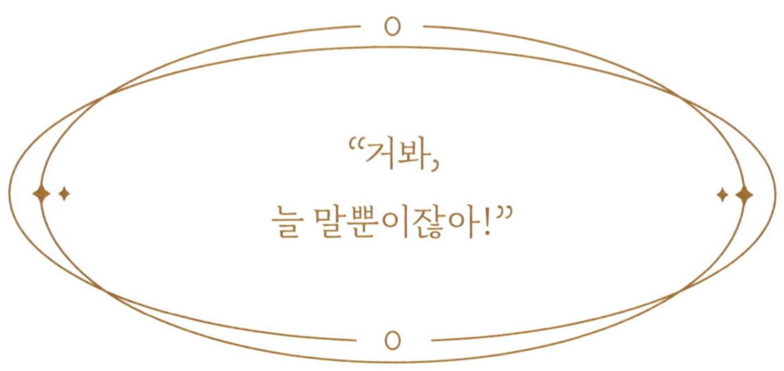

부부가 선순환으로 가려면, 서로의 성격 유형에 맞게 의사소통하는 방식을 익혀야 한다. 부부가 사소한 대화를 할 때에도 부딪치는 것은 이런 방법을 잘 몰라서 그렇다.

친한 친구 부부를 집으로 초대해 저녁 식사를 마친 30대 상윤 씨, 기분이 무척 좋다. 친구 부부는 집이며 음식이며 아이들에 대해 잔뜩 칭찬을 하고 갔다.

"나는 당신이 하는 말을 다 믿어. 100퍼센트 믿을 수 있어. 집안일도 잘하고, 애들도 잘 키우고. 당신 같은 아내를 얻은 나는 전생에 나라를 구한 사람이야."

"당신 오늘 기분 좋네. 그런 말을 들으니 기분은 좋지만, 그래도 100퍼센트 믿는다는 게 진짜야? 내가 신도 아니고."

혜경 씨가 화답을 한다.

"아냐. 나는 당신을 전적으로 믿어."

상윤 씨가 다시 한 번 강조하자 혜경 씨는 마음에 있던 말을 한다.

"그래? 근데 내가 마당 있는 주택으로 이사하자니까 당신 싫어했잖아."

"그건 돈도 모자라고 아파트보다 불편하니까……."

상윤 씨는 멋쩍은 듯이 얼버무린다.

"거봐, 말뿐이잖아. 믿는다며? 그럼 내 말 믿고 단독 주택으로 가야지!"

항의하듯 말하는 혜경 씨에게 상윤 씨는 기분이 나빠져 화를 내듯 얘기한다.

"어어, 왜 이래. 당신 칭찬한 것을 가지고 말이야."

혜경 씨는 남편 말에 더 화가 났다.

"나는 정말 단독 주택으로 가서 살고 싶어. 그런데 당신 내가 그 말 꺼낼 때마다 건성으로 듣거나 다른 얘기 하고 그러잖아."

거듭되는 아내의 단독 주택 이야기에 상윤 씨는 몹시 화가 났다.

"아니, 그 얘기를 왜 또 꺼내는 거야? 이러니까 당신이랑 말을 못 하는 거라고!"

상윤 씨는 자리를 박차며 일어나고 혜경 씨는 "누가 먼저 얘기를 시작했는데"라며 남편을 흘겨본다.

이성형 아내 혜경 씨와 감정형 남편 상윤 씨. 감정형은 지금 당장 느끼는 기분으로 대화를 한다. 따라서 상윤 씨가 진심을 얘기한 것은 맞는다.

그런데 상황이 달라지면 얘기도 전혀 달라진다. 상윤 씨가 아내를 100퍼센트 믿는다고 한 것은 당시 기분이 그렇다는 것일 뿐, 언제나 아내에 대해 그만큼의 믿음을 가지고 있다는 것은 아니다. 반면 이성형은 100퍼센트 믿는다는 말을 잘 하지도 않지만, 만약 했다면 정말 100퍼센트를 믿는다는 의미다.

혜경 씨는 아직 감정형과의 소통법을 모른다. 감정형과 소통하려면 상대방이 하는 말에 심각하게 의미를 부여하지 말고, 추임새를 넣듯 따라가 줘야 한다. 감정형이 "너무 좋아" 그러면 "너무 좋아?" 하고, "짜증 나네" 그러면 "짜증 나?"라고 하면 끝이다.

"그 말을 들으니 좀 이해가 되네요. 이이는 막 화를 내다가도 금방 환하게 웃곤 해요. 감정이 널을 뛰어서 어느 장단에 맞춰야 할지 몰라요. 그래서 이 사람과 함께 사는 게 힘들었는데, 그냥 그런가 보다 넘어가 주면 되겠네요."

그렇다. 남편이 막 화를 내면 "아이고, 무섭다. 무서워" 하고, 막 웃을 때는 "당신이 웃으니 너무 좋다"라고 하면 된다. 이렇게 맞춰 주면서 정서적으로 교류하면 된다. 이렇게 하면 선순환이 된다. 이성형은 자꾸 머리로 소통하려고 하는데, 그럴수록 감정형과는 악순환이 된다.

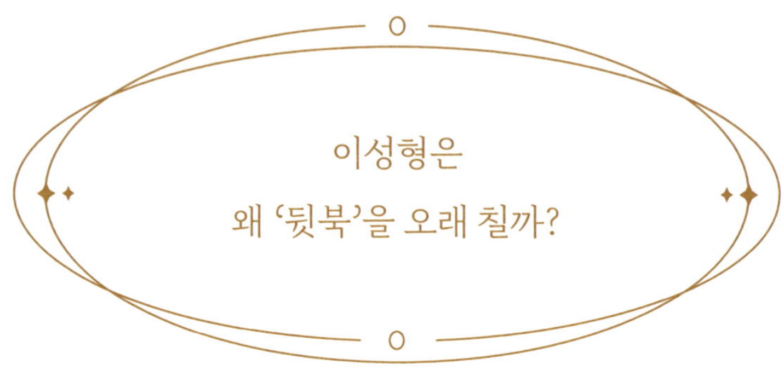

"집안 꼴이 이게 뭐야? 당신 대체 뭐 하는 사람이야? 집에서 밥만 축내는 사람이야? 이러니 내가 밖에 나가서 맘 편히 일을 할 수 있겠어?"

며칠 전 "당신 같은 아내를 얻은 나는 나라를 구한 사람"이라고 했던 상윤 씨. 회사에서 힘든 일이 있었는지 집에 들어오자마자 화를 낸다. 감정형은 좋은 말을 하다가 지치면 더 좋은 말을 할 수가 없다. 그래서 집에 오면 감정을 폭발시킨다. 이성적이고 합리적인 사람들은 지쳐도 매너 있는, 좋은 말을 한다. 관계를 좋게 하기 위해 립 서비스를 하는 것이다. 감정형이 보기엔 진심이 없다고 느껴진다. 좋으면 좋다고 얘기하고 화가 나면 화가 난다고 얘기하는 것이 정상인데, 마음을 속이고 겉만 번지르르하게 얘기한다고 생각하는 것이다. 감정형은 지치면 부정적인 말에 진심을 넣는다. 좋은 말을 할 때 진심이었듯 그때는 그게 또 진심이다. 그런데 그 순간이 지나가면 끝이다.

그러나 이성형은 얘기를 듣고 나면 그때부터 생각을 한다. '나를 밥만 축내는 사람이라고 생각하는구나'부터 시작해 스토리를 쭉 써 나간다. 뒷북을 오래 친다. 먼저 이 사람이 나하고 살 생각이 있는지 없는지부터 관찰한다. 그리고 두 사람의 히스토리를 데이트 시절 때까지 거슬러 올라가 자신에게 무관심하거나 함부로 대했던 리스트를 만들어 체크한 후, 종합적으로 결론을 내린다. '이 남자는 옛날부터 나를 정말 사랑했던 게 아니구나. 그러니 어떻게 같이 살겠어'라고 생각한다. 어느 날 이성형 아내가 "내가 그동안 죽 생각해 봤는데 우리는 같이 살기 어려운 것 같아" 하면 감정형은 전혀 예상 못 했다가 뒤통수 맞는 느낌이다. 앞에서도 말했지만 이성형은 감정형의 말을 주의 깊게는 듣되, 심각하게는 듣지 말아야 한다. 이성형은 심각하게 들으면 계획을 세우게 되는데, 감정형에게는 그때 그 순간에 이미 끝난 문제일 뿐이다. 그러니 이성형은 뒤늦게 다 끝난 문제를 혼자 고민하는 것이 된다. '그동안 나 혼자 대체 뭘 한 거야?' 하면서 두 번 상처받게 된다.

감정형은 할 말을 바로바로 해 버리니 대체로 뒤끝이 없다. 이성형은 할 말을 다 못 한다. 그러니 뒤끝이 있을 수밖에 없다. '뒤끝이 있다, 없다'는 '맞다, 틀리다'의 문제가 아니라 스타일의 문제다. 그것을 그렇게 가르면 힘을 가진 사람이 맞는 것이 된다. 감정형이 힘을 가지면 이성형에게 '쪼다처럼 뒷북친다'며 비난한다. 이성형이 파워가 있으면 감정형에게 '철없다, 뭘 모른다, 제멋대로다, 미성숙하다'고 비난한다. 파워가 누구에게 있느냐에 따라 상호 작용이 달라진다.

그래서 성격 유형을 아는 것이 중요하다. 말하는 방식과 접근 방식의 다름을 이해해야 한다. 서로를 알면 선순환으로 가기 쉽다.

5부

자라온 가정 환경이 그 사람이다

개인마다 가정마다 나름의 라이프 스타일이 있다. 각자 스타일이 다르면 갈등이 생기는데, 서로 타협하면 넘어갈 수 있다. 스타일만으로 크게 문제가 되지는 않는다. 그런데 각자의 스타일이 다른 데서 끝나지 않고 결핍에서 생긴 판타지와 연결되면 문제가 심각해진다. 평소 좋지 않게 여겼던 부분은 채워지지 않은 욕구와 결핍을 만들어 내기 때문이다. 2부의 밥뚜껑 때문에 부부 싸움을 한 남편의 이야기처럼 말이다.

차를 타고 이동을 할 때나 여행을 갈 때마다 간식을 찾는 남편이 있다. 교외로 주말여행을 떠나는 승용차 안, 남편이 먹을 것을 찾는다. 아내가 단번에 "없는데"라고 대답하자 남편이 대꾸한다.

"이렇게 먼 거리를 가는데 당신은 왜 먹을 것을 준비 안 해?"

"금방 밥 먹고 나왔고, 도착하면 곧 밥 먹을 건데 뭘 준비해?"

"우리 엄마는 1시간 거리만 가도 꼭 간식을 싸 주셨어."

남편은 식사는 조금 하고 간식을 챙겨 먹고, 아내는 세 끼를 맛있게 먹고 간식을 먹지 않는다. 두 사람이 자라온 가정에서 먹는 스타일이 완전히 다르다. 아내는 처음 시댁에 인사를 갔을 때, 조그마한 그릇에 밥을 반만 담아 주는 것을 보고 속으로 '이 집은 뭐 이리 인심이 사나워?'라고 생각했다. 반면에 남편은 아내의 집에서 고봉밥을 받고는 '아니, 내가 머슴인 줄 아나?'라고 생각했다.

늘 조용한 집안에서 자란 아내는 남편의 활기찬 집안 분위기가 좋았다. 사교적인 성격의 시어머니가 사람들을 불러 모아 시끌벅적한 것도 좋았다.

하지만 결혼 후 남편이 너무 자주 친구들과 어울리자 집으로 돌아가는 시간이 늦어지는 문제로 다투게 되었다. 아내는 결혼하고 나니 친정에서 느꼈던 조용함이 그리웠고 자신만의 시간을 갖기 어려워 불편해지기 시작했다. 결혼 전에는 좋게만 보였던 것들의 불편한 점들이 부각되면서 판타지가 깨지기 시작한 것이다.

살다 보면 '내가 그렇게 싫어했는데 우리 엄마처럼 살고 있구나' 또는 '우리 아버지같이 살고 있구나'라고 느껴질 때가 있다. 앞에서도 말했듯이 부부 관계는 '부모의 부부 관계'가 영향을 미친다. 남자는 자신의 아버지가 엄마에게 했던 대로, 여자는 자신의 엄마가 아버지에게 했던 대로 배우자를 대하게 된다. 그래서 원가족을 살펴보는 것은 현재 나의 부부 관계에 많은 통찰을 준다.

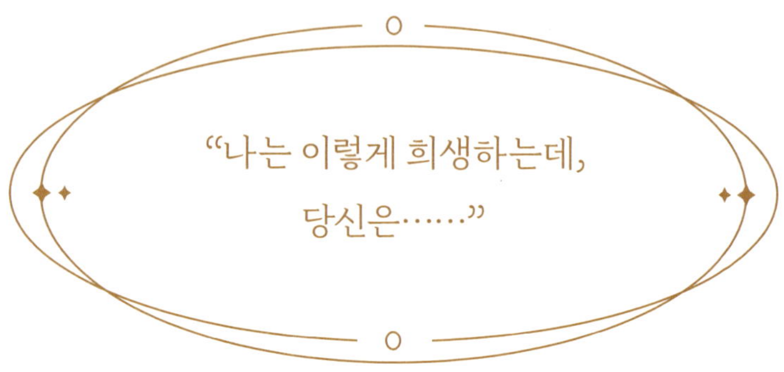

얼리 어답터인 현철 씨. 토요일에 전자상가에 종일 가 있더니 상자 여러 개를 들고 돌아왔다. 대형 모니터, 마우스, 헤드폰, 키보드, 스피커가 든 상자들이다. 어림잡아도 족히 200만 원은 썼을 것 같다. 자기 돈으로 샀으니 당장 할 말은 없지만 혜리 씨는 영 기분이 좋지 않았다.

"당신 이거 다 게임하려고 사 온 거야?"

"게임은 무슨. 이런 거 모르면 회사에서 바보 돼. 그리고 나 혼자 쓰나? 종현이가 아주 좋아할 걸.”

혜리 씨는 남편의 이 말에 화가 치밀었다.

“뭐야? 애를 말려도 시원찮을 판에 같이 게임을 하겠다고?”

혜리 씨가 버럭 화를 낸 것은 여러 생각을 하고 있었기 때문이다. 겨울엔 크리스마스에 시어머니 생신이 있고, 김장도 해야 해서 돈이 훅훅 나간다. 게다가 올해는 지난해보다 어머님께 돈을 더 드렸다. 허리띠를 졸라매야 할 상황인데, 남편은 ‘게임 나부랭이’를 하겠다고 거금을 쓰고 온 것이다. 게다가 아빠란 사람이 아들과 함께 게임이나 할 생각을 하고 있다니…….

성질 같아서는 “미친 거 아냐? 이런 당신을 어떻게 믿고 사냐고!”라며 소리를 지르고 싶었다. 그러나 그럴 수도 없었다. 남편이 혜리 씨가 소리 지르는 것을 질색해서 자주 싸웠는데, 얼마 전 그러지 않기로 다짐을 했기 때문이다. 정말 미칠 것 같은 마음을 최대한 자제하며 남편에게 물었다.

“당신 도대체 얼마나 쓴 거야?”

“이게 보이는 것만큼 비싸지 않아. 당신도 알잖아, 전자상가에 내 단골 가게 있는 거. 남들보다 반값에 사 왔어.”

“그러니까 얼마어치 샀냐고? 말을 해 봐!”

그러나 남편은 끝내 대답하지 않았고, 혜리 씨는 더 폭발할 것만 같았다. 들고 있던 키보드로 남편을 한 대 후려치고 싶은 마음을 억지로 누르며 서 있는데, 남편이 한마디 툭 던진다.

“밥 먹자, 여보. 배고파.”

이 상황에서 밥을 달라는 남편을 보며 혜리 씨는 자신이 세상에서 제일 불행한 것 같은 기분을 느꼈다. ‘남편이라고 하나 있는 게 왜 저러고 있지? 뭐지?’ 이런 마음이 꼬리에 꼬리를 물었다. 혜리 씨는 결국 화산이 폭발하듯 키보드로 자신의 머리를 쾅쾅 내리치기 시작했다. “여보! 당신 괜찮아? 왜, 왜 그래?” 깜짝 놀란 현철 씨가 혜리 씨의 눈치를 살핀다.

“몰라서 물어?”

혜리 씨는 더 이상 화를 안 내려고 안방으로 들어갔다. 현철 씨가 따라 들어온다.

“여보~ 화 많이 났어?”

어느새 자상한 남편으로 모드가 바뀐 현철 씨가 조심스럽게 혜리 씨를 달랜다.

“여보, 화 풀어. 다음에 돈 생기면 다 당신 가져다 줄게. 여왕마마한테 다 갖다 바칠게.”

‘여왕마마’라는 말에 혜리 씨는 순간적으로 피식 웃음이 났다. 웃고 나니 풍선에 바람이 빠지듯 화가 풀렸다.

혜리 씨와 현철 씨 부부는 사실 사이가 좋다. 평소 서로 대화하는 시간도 많은데, 무엇보다 싸우고 나면 대화를 통해 싸움의 원인과 해결책을 찾는 훌륭한 부부다. 그럼에도 매일같이 계속되는 갈등 때문에 힘들어하다 지인을 통해 나에게 상담을 받으러 왔다.

내가 물었다.

“혜리 씨는 그날 왜 그렇게 화가 났던 것 같아요?”

“사실 저도 왜 그렇게 화가 났는지 모르겠어요. 아무튼 화가 나서 미칠 것 같았어요. 그날 밤 남편과 대화를 해 봤는데 한 가지는 확실하더라고요. 우리 엄마가 화를 폭발시키면 아버지가 달래 주던 모습이 지금 우리 부부와 똑같았어요. 엄마는 아버지께 막 퍼붓고, 아버지는 현철 씨 같은 성격이라 조용히 계셨죠. 남편이 나한테 가장 싫어하는 것이 난폭한 언어와 행동이에요. 엄마의 폭력적인 모습을 그렇게 싫어했는데, 제가 그렇게 살고 있더라고요.”

친정 엄마는 동네 해결사 역할을 했다. 동네 아주머니들은 자기 남편이 속을 썩이면 엄마에게 와서 도움을 요청했고, 엄마가 찾아가면 그 집 아저씨들은 꼼짝 못 했다. 밖에서는 그렇게 좋은 일을 많이 했지만, 엄마는 정작 집에 오면 자주 화를 냈다. 부부 싸움도 잦았고 혜리 씨와 동생들은 자주 야단을 맞았다. 혜리 씨는 엄마가 무섭고 공포스러웠다.

엄마는 감정이 폭발하면 혜리 씨에게 손찌검을 하기도 했는데, 대부분 납득하기 어려운 이유 때문이었다. 초등학생인 혜리 씨에게 청소를 시키고 나서는 TV 뒤 먼지를 손으로 훑으며 "이거 봐, 이게 청소를 한 거니?"라며 화를 내는 식이었다. 혜리 씨는 정말 엄마가 너무하다는 생각에 가끔은 폭발하기도 했는데, 그럴 때마다 엄마는 더 크게 화를 내곤 했다. 혜리 씨가 엄마와의 관계에서 가장 많이 느꼈던 감정은 분노와 무기력감이었다. 남편에게 화가 폭발하던 그날, 남편을 향해 느꼈던 감정도 바로 그런 감정이었다.

"그런 엄마 밑에서 미치지 않은 게 이상해요. 저는 어렸을 때 엄마 때문에 엄청 상처받았어요. 지금도 엄마에 대한 분노와 애정 중 뭐가 더 많은지 모르겠어요. 남들은 우리 엄마를 존경하기도 했는데, 엄마 본모습을 아는 저는 그럴 수 없었어요.”

그러나 혜리 씨는 지금 딱 엄마처럼 살고 있다. 감정이 폭발하면 아무도 못 말릴 정도로 소리를 지른다. 엄마의 폭력성을 그렇게 싫어했는데, 자신도 똑같다는 생각에 혜리 씨는 심한 자괴감을 느끼고 있었다.

“그런데 엄마와 내가 다른 점이 하나 있어요. 저는 화를 내면서도 제 모습을 보고 있거든요. 사실 속으로는 ‘남편이 도박을 하고 온 것도 아니고 생활비를 쓴 것도 아닌데……’라고 생각했어요. 그래도 그렇게 화가 나더라고요. 왜 그런 걸까요?”

혜리 씨가 진지하게 묻는다.

“그렇게 화가 폭발할 때는 그 사건 자체 때문이 아니라 그 사건과 관련된 생각, 신념이 영향을 끼치는 경우가 많아요. 혜리 씨는 그날 무슨 생각이 들었나요?”

“남편이 참 한심해 보였어요. 김장에 돈이 많이 들어갈텐데 크리스마스에 시어머니 생신까지, 제가 허리가 휠 지경이었거든요. 저는 한 푼을 아끼며 살고 있는데 남편이 그러고 있으니 정말 화가 나더라고요.”

혜리 씨는 허리띠를 졸라매면서 절약하는 습관이 몸에 배어 있다. 자신에게 들어가는 돈은 아끼며 살고 있는데, 남편이 사지 않아도 되는 컴퓨터 기기에 과한 돈을 쓰고 다닌다고 생각하니 화가 머리끝까지 났다. 화의 깊은 곳에는 '나는 가족을 위해 이렇게 희생하고 있는데 너는 즐기냐?'라는 원망과 억울함이 있다. 한국 사회에서 '희생'이라는 주제가 사라지지 않는 한 가족 갈등, 부부 갈등은 사라질 수 없다.

나는 상담을 하면서 이런 분들에게 자주 질문을 한다. "누가 허리띠를 졸라매라고 했어요?" 대부분 황당해 한다. 생전 처음 받아보는 질문이기 때문이다. 그러다가 나중에는 나한테 화를 내기도 한다. 본인들 생각에는 너무나 당연한 것을 물어보니 어처구니가 없어서다. 나는 혜리 씨에게도 같은 질문을 했다.

"누가 허리띠를 졸라매라고 했나요?"

"네? 아니, 당연히 그렇게 살아야 하는 것 아닌가요?"

혜리 씨도 황당해 하며 대답을 하지 못했다.

혜리 씨는 그날 자신이 불쌍하다는 생각을 했다. 남편이 철딱서니 없이 컴퓨터 기기에 200만 원을 쓰고 배고프다며 밥을 달라고 하는데, '왜 이렇게 살아야 하나' 싶은 생각이 들었다. 그 순간 자신의 존재 자체가 증발되었으면 했다. 사라지고 싶었다. 그런 마음에 키보드로 자기 머리를 쾅쾅 내리쳤다. 타인에게 발산되지 못한 분노가 자신을 해하려는 행동으로 나타난 것이다. 그러면서 자신은 아무엇도 할 수 없다고 생각한다. 무기력해지는 것이다.

어렸을 때 엄마한테 맞을 때도 비슷한 느낌이었다. 혜리 씨는 엄마 보는 앞에서 딱 죽고 싶었다. 그러면 엄마한테 복수가 될 것 같았다. 그 정도로 분했지만, 자신은 아무것도 할 수 없다는 생각에 빠졌다.

남편이 전자상가에서 사고를 친 날, 다른 사람들이 혜리 씨의 그 상황을 보면 자신을 동정할 것 같았다. '지지리도 못난 남편과 살고 있는 저 여자는 얼마나 불행할까' 그렇게 생각할 것 같았다. 혜리 씨의 마음 깊은 곳에는 자신은 불쌍한 사람이라는 생각이 자리 잡고 있다. 가난하고 성질 나쁜 엄마 밑에서 자란 자신이 불쌍한 것이다. 그렇지만 다른 사람들에게 들키고 싶지는 않았다. 동정받는 것은 견딜 수 없기 때문이다. 그래서 '불쌍'이 '분노'로 바뀐 것이다.

이게 '불쌍 멘털리티'다. '나는 참고 희생했지만 당했다' 이런 마음을 갖고 있는 사람들이 굉장히 많다. 이런 사람들은 자신이 잘못했다는 생각은 전혀 하지 못한다. 혜리 씨의 친정 엄마도 그랬다. 가난하고 능력 없는 남편을 만나 고생한 자신은 불쌍한 사람이다. 세상에 자기처럼 참으면서 당하고 산 사람은 없기 때문에, 누가 뭐라 해도 자신은 잘못한 것이 없다고 생각한다. 자신의 폭언과 폭행에 가족들이 힘들어해도 자신은 잘못이 없다고 생각했다. 혜리 씨도 마찬가지다. 그래서 '게임 나부랭이'라는 단어가 나온다. 혜리 씨는 남편에게 종종 '꼬라지, 쪼가리'라는 단어를 쓰는데, 여기에는 자기 정당성을 주장하는 마음이 담겨 있다. 상대가 비하되어야 상대적으로 자신이 옳다는 정당성이 생기기 때문이다.

그러나 혜리 씨의 마음 깊은 곳에는 비참한 느낌이 있다. 이러한 비참한 느낌을 들키고 싶지 않아서 동정받는 것이 그렇게 싫다. 남편의 모습을 보면서 비참함을 느꼈지만, 이를 인정하지 못해서 남편을 향해 분노가 폭발했다. 혜리 씨가 이렇게 행동할 수밖에 없는 뿌리는 엄마에게 있다. 보통 딸들은 엄마의 삶을 살고, 아들은 아버지의 삶을 살게 된다. 부모의 특정 부분을 싫어했을수록 그 부분을 더 닮게 된다. 보고 자란 것이 그것이니 자연스러운 결과다.

'나는 이렇게 희생하는데, 너는 너 좋을 대로 하고 사는구나!' 자신이 희생했다고 생각하는 사람들은 주변 사람, 특히 가족들에게 심리적인 착취를 행한다. 심리적 착취란 다른 사람을 희생시켜서 자신의 기분을 좋게 만드는 마음의 행위다. 자신을 희생했다고 믿고 있는 아내는 남편을 원망하며 자녀들에게 남편의 흉을 본다. 그런데 자녀가 자기편을 들어주지 않으면 섭섭해 한다. 자녀들은 엄마가 기분이 좋지 않으면 불안해서 엄마 기분에 맞춰 주려고 노력한다. 돌봄을 받아야 할 자녀들이 엄마를 돌보는 발달적 희생을 하는 동시에 불안이 증가되는 심리적 어려움을 겪게 되는 것이다. 그러나 희생했다고 믿는 엄마는 자신의 심리적 착취를 인식하거나 이해하지 못한다. 설령 알았다고 하더라도 자녀들의 기분에 대해서 별다른 신경을 쓰지 않는다. 자신도 힘들었으니 자녀들 힘든 것은 별것 아니라는 식의 태도를 취한다. 이런 부모 밑에서 자란 자녀는 나중에 부모와 같은 결혼 생활을 하게 된다.

혜리 씨처럼 자신이 희생했다고 주장하면서 상대방에게 그럴 수 있느냐고 화를 내는 경우는 희생을 한 게 아니다. '내가 이렇게까지 희생을 하고 있는데 넌 알아주지도 않는구나'라는 분한 마음이 꽉 차 있는 상태다. 이때의 희생했다는 말은 단지 '참았다'는 의미다. 얻고자 하는 것이 있었고 그것을 위해 견딘 것이다. 가족을 위해서였다고 하지만 궁극적으로는 자신이 원하는 것-돈을 많이 버는 것, 성공하는 것 등-을 이루고자 함이었다. 그것을 가족을 위해서라고 둔갑시킨다. 희생으로 둔갑한 이기심이 살아 있는 한, 다른 가족 구성원들과의 갈등은 피할 수 없다.

자신이 희생했다고 말하는 사람들은 스스로를 불쌍하다고 생각한다. '나는 참고 희생했지만, 알아주지도 않고 혼자 고생하고 당하기만 했기 때문'이다. 이 사람들은 '내가 왜 불쌍한가?'라는 질문을 스스로 해 봐야 한다. 그리고 자신 안의 초라하고 비참한 느낌을 바라보아야 한다. '내가 이 비참한 느낌을 피하려고 그동안 스스로를 불쌍하다고 생각했구나!'라는 것을 인식하며 받아들이면 된다. '나는 그때 초라하고 비참했구나. 힘들었겠구나'라고 스스로를 위로해 주고, 그때 그럴 수밖에 없었던 자신과 부모님을 이해하고 받아들이면 거기에서 벗어날 수 있다. 물론 쉬운 과정은 아니다. 그렇다고 불가능한 일도 아니다. 혼자 안 되면 전문가의 도움을 받을 수도 있다. '불쌍 멘털리티'에서 벗어나지 않으면 평생을 그렇게 살다 죽는다. 이러면 주변 사람들, 특히 자식들이 힘들다.

남편이 남자로서 좋았던 이유

혜리 씨가 남편과 매일 다투면서도 헤어지지 않고 사는 데에는 나름대로 이유가 있다. 혜리 씨가 화를 내기 시작하면 남편이 얼른 분위기를 바꾸기 때문이다. 혜리 씨는 화가 나면 모든 일을 비상사태로 부풀려 큰일로 만든다. 그럴 때마다 남편은 선한 남편, 자상한 남편으로 변신해 아내의 마음을 풀어 주려고 한다. 혜리 씨의 친정아버지가 엄마에게 그랬던 것처럼 말이다.

혜리 씨에겐 아버지를 생각하면 떠오르는 장면이 하나
있다.

"남자친구와 헤어지고 나서 한참을 방황하다 집에 갔을
때였어요. 아버지가 '이럴 때일수록 더 예쁘게 하고 다녀야 한
다'며 주머니에서 100만 원짜리 수표 한 장을 꺼내 주셨어요.
엄마 몰래 갖고 있던 비상금이었나 봐요. 그 장면은 저에게 너
무나 깊이 각인되어 있어요. 그때는 돈 관리를 전부 엄마가 하
셨기 때문에 아버지한테는 돈이 별로 없었거든요. 사실 따지
고 보면 엄마에게 받은 옷이나 가방이 더 많은데, 그건 하나도
고맙지 않았어요. 엄마한테는 상처를 더 많이 받았으니까요.
그런데 아버지의 그 100만 원은 지금도 뭉클해요. 그래서 요즘
아버지가 '나 뭐 좀 사 줘라' 하시면 아무 말도 안 하고 다 사드
려요. 생각해 보면 현철 씨가 아버지와 비슷한 부분이 있어서
끌렸던 것 같아요. 남편이 엄마처럼 거친 스타일이었으면 내가
도망갔을 텐데, 아버지 같아서 좋았어요. 아마 엄마 같은 기질
의 남자를 만났으면 바로 끝냈을 거예요. 둘이 작은 일로 싸우
다가 큰 싸움으로 번져서 깨졌을 거 같아요."

물론 아내가 격하게 화를 내는 상황이 되면 현철 씨도 화

가 난다. 그러나 자기까지 화를 내면 두 사람의 관계는 끝이라는 것을 알고 있기 때문에, 현철 씨는 '상담자 모드'로 전환하는 것이다. 일종의 생존 전략이다. 혜리 씨가 남편에게서 가장 좋아하는 부분이다.

혜리 씨가 진정이 되고 나면, 두 사람은 부부 싸움의 원인을 찾고자 대화를 한다. 혜리 씨가 왜 그렇게 화가 났는지 분석하는 시간을 갖는 것이다. 이런 시간 덕분에 혜리 씨는 자신에 대해 많이 알게 되었다고 한다.

조금 괜찮은 부부는 상대방의 화를 달래 주는 매니지먼트를 하며 산다. 안 괜찮은 부부는 서로 화가 난 상태로 있다가 시간이 지나면서 괜찮은 것처럼 산다. 그러다가 똑같은 문제로 싸우고 흐지부지되는 패턴을 반복한다. 부부 싸움 후 대화까지 하는 부부는 정말 훌륭한 부부다. 부부에겐 이런 시간이 꼭 필요하다.

혜리 씨의 판타지 중 하나는 선하고 차분하고 조용하고 자상한 이미지의 사람(특히 남자)이다. 걸핏하면 화를 폭발시키는 엄마 때문에 이런 판타지가 생겼고, 그런 엄마를 달래 주는 아버지라는 모델이 있어서 판타지가 강화되었다.

"정신과 의사도 아니고 상담가도 아닌 사람이 제가 화를 내는 상황에서 어쩌면 그렇게 순간적으로 모드가 딱 바뀌는지 모르겠어요. 제 남편이지만 정말 훌륭하다고 생각해요. 이런 자상하고 세심한 부분이 좋아서 결혼을 했어요. 그런데 같이 살아 보니까 이 사람 아주 깐깐한 데가 있어요. 집요하게 긁은 데 또 긁고 쪼잔한 면이 있는데, 그건 정말 싫어요. 요즘은 이이가 계속 저에게 꼬장꼬장하게 구는 것 때문에 싸워요."

그러자 현철 씨가 얘기 중간에 끼어들었다.

"당신 또 그렇게 생각하고 있네. 그게 아니라……."

"당신 훈장질 좀 고만해! 난 당신의 학생이 아니야!"

혜리 씨가 신경질적으로 반응을 해도 남편은 자신의 말을 멈추지 않았다.

남편 여보, 모르는 건 배워야 돼.

아내 당신은 너무 잘났어.

남편 난 당신이 고쳐야 할 점이 있다고 생각해. 그걸 고쳐서 나와 동급을 만들고 싶어.

아내 뭐라고? 나는 이미 당신과 동급이야.

현철 씨와 혜리 씨는 내가 앞에 있다는 사실도 잊어버리고 자신들의 대화를 하고 있었다.

남편 내가 말하는 동급은 당신이 버럭 화를 내지 않는 동급, 사고력의 동급을 말하는 거야.

아내 그건 당신이 이미 나보다 높다는 거잖아. 이게 바로 어마어마한 교만이라는 거야. 나한테 훈장질하지 말라고. 당신이 나보다 위에 있는 게 아니라 다를 뿐이야.

남편 내가 교만하다는 거, 인정할 수 있어. 그렇다고 해서 당신이 나와 동급이 되는 건 아니야. 내가 동급이라는 거는 건강한 심리 상태의 동급을 말하는 거야, 여보.

아내 에잇, 네가 온 별로 가버려~.

남편 나는 당신의 표현이 과하면 불안해. 우리 아버지는 감정 표현을 안 하시는 분인데, 나도 아버지를 닮았어. 그런데 감정을 꾹꾹 누르며 참는 뒷면에 뭐가 있는 줄 알아? 감정이 나타나면 위험하다는 거야. 내 마음속에는 엄청난 감정의 소용돌이가 있는데, 그

것이 밖으로 나오는 순간 사고를 일으킬 것 같아 불안해.

더 이상 남편을 말로 이길 수 없을 때 혜리 씨가 하는 말이 "네가 온 별로 가버려"다.

불붙은 성냥갑 같은 혜리 씨와 달아오른 무쇠솥 같은 현철 씨. 두 사람은 성격 유형도 다르지만 자라온 집안 문화도 다르다. 혜리 씨는 금방 화를 내고 말도 험하게 하지만, 사실 무서운 사람이 아니다. 현철 씨는 웬만해선 화를 내지 않는다. 참을 수 있을 때까지 참다가 더는 참을 수 없으면 화를 내는데, 그때는 아무도 못 말린다. 달아오른 무쇠솥엔 손을 가져다 대기만 해도 데는 것과 마찬가지다.

지금 두 사람의 싸움은 결핍에서 판타지가 생기고, 그 판타지를 채워 줄 사람을 만나 결혼하고, 바로 그 부분이 힘든 부분이 되는 패턴을 아주 잘 보여 주고 있다.

교육열이 높았던 현철 씨 어머니
는 아들을 사립 초등학교에 입학시켰다. 그런데 그 학교에서
현철 씨는 초라했다. 현철 씨네도 결코 가난하지는 않았지만,
그 학교에 다니는 아이들은 부잣집 아이들이 대부분이었다.
한번은 현철 씨가 친구 생일잔치에 초대되어 간 적이 있었다.
그 집 식탁 위에 오른 반찬들은 하나같이 맛과 모양이 특별했
는데, 평소에 현철 씨가 구경도 해 보지 못한 음식들이 많았

다. 그 친구 집에서 나와 집으로 돌아온 현철 씨는 마치 자신의
집이 흥부네 집처럼 가난하게 느껴졌다. 아이들 도시락은 현
철 씨가 매일 먹는 도시락이나 소풍 가서 먹는 도시락과도 달
랐다. 현철 씨는 그 시절의 자신에 대해 "잘하는 것이 없었다.
글짓기를 잘하는 것도 아니고, 발표를 잘하는 것도 아니고, 미
술이나 체육도 뭐 하나 특출한 것이 없었다. 그렇다고 얼굴이
잘생기지도 않았다"고 했다.

현철 씨는 초등학교 6년 내내 열등감에 힘들었다. 스스로
굉장히 뭔가 부족하다는 느낌이 들었다. 친구들과 비교하면
항상 질 수밖에 없는 조건이라고 생각했다. 그래서 현철 씨는
판타지를 키웠다. '나는 특별한 아이다, 나는 4차원의 아이다,
나는 도인이다.' 이렇게 심리적으로 자신을 보호했다. 그래서
행동도 도사처럼 했는데 그게 지금까지도 남아 있다. 내가 하
는 초월상담학에서는 이를 '범주 이탈'이라고 한다. 자신이 살
고 있는 현실을 떠나 상상의 세계로 가서는 그 속의 자신을 실
제의 자신처럼 여기는 상태다. 상상과 판타지의 차이는 현실
감이다. 상상의 나래를 펴다가도 현실을 보면서 '아, 이게 아니
지' 하고 돌아오면 상상이다. 판타지에 빠지면 상상의 세계를

현실처럼 여긴다. 현실이 눈에 들어오지 않는다.

이런 현실감 없는 상태는 다른 사람들에게 괴상하고 기이한 느낌을 준다. 현철 씨는 대학 시절 옷을 튀게 입고 다니는 것을 좋아했다. 다들 현철 씨가 미대생인 줄 알 정도였다. 게다가 행동도 특이했다. 다른 사람의 시선을 신경 쓰지 않는 행동을 자주 해서 친구들은 그를 기인이라고 놀렸다. 현철 씨가 의도한 대로였다.

S대학을 다니는 현철 씨였지만, 초등학교에서의 상처를 극복하지 못했다. 일반적으로 가면 자신이 불리하니까 어디서든 튀는 행동을 한 것이다. 현실을 그대로 받아들이면 너무 아프니까 '나는 현실을 초월한 도사'라는 상상을 하면서, 이것을 현실로 받아들여 우월감을 느끼고 싶어 한 것이다. 결국 남다른 행동과 생각은 열등감을 커버하기 위한 도구였다.

혜리 씨의 자기방어는 스스로를 불쌍한 사람으로 여기는 것이다. 마음속에서 올라오는 초라하고 비참한 느낌을 느끼지 않으려고 '나는 불쌍하다'로 가린 것이다. '나는 초라하고 별 볼 일 없는 사람'이라는 생각이 주는 고통이 '나는 불쌍한 사람'이라는 생각이 주는 고통보다 더 크다. 초라하거나 별 볼 일

없는 사람은 무시당하지만, 억울하고 불쌍해 보이는 사람은 누구나 인정해 준다. 위로도 해 주고 잘 대해 준다. 초라함을 느끼지 않으려고 자신을 불쌍히 여기고 이것을 감추려고 분노로 간다. 마음에서 은밀하게 일어나는 일이라 본인도 의식 못 하는 경우가 많다.

늘 최고의 부부로 살고 싶어 하는 현철 씨. 이 판타지는 어떻게 생긴 것일까? 현철 씨의 부모님은 큰 소리를 내며 싸우지는 않았지만, 사이가 별로 안 좋으셨다. 엄마는 항상 현철 씨에게 아버지가 무엇을 하고 있는지 알아보라고 시킴으로써 아이를 부모의 갈등에 끌어들였다. 엄마는 늘 현철 씨에게 "너는 엄마 마음 아프게 하면 안 된다. 공부 잘하고 훌륭한 사람이 돼서 엄마가 이렇게 힘들게 산 것을 다 보상해 주어야 한다"고 얘기하곤 했다. 현철 씨는 그런 엄마가 불쌍하기도 하고 부담스럽기도 했다.

현철 씨가 혜리 씨를 만났을 때, 혜리 씨는 엄마로부터 벗어날 길을 모색하고 있었다. 현철 씨는 아내의 삶에 구원자로 등장했다. 대체로 이렇게 만난다. 구원자 남자와 집에서 떠나고 싶어 하는 여자가 만난 것이다. 혜리 씨는 봉사 활동에 갔다가 현철 씨를 만났는데, 그가 구원자처럼 보였다고 했다. 불쌍 멘털리티를 가진 사람들은 누가 나에게 도움을 줄까에 아주 민감하다. 불쌍한 사람들의 특징이다. 그렇게 관계가 시작되었다.

현철 씨는 왜 구원자 역할을 할까? 삶의 역사와 연결이 된다. 내가 모자란 사람, 멋진 생일상을 받지 못하는 사람이라는 열등감을 해결하는 방법 중 하나가 남들과 달라지기, 도인 되기, 기인 되기다. 도인들이 주로 하는 일이 구원해 주고 보살펴 주면서 "너는 내 말을 들어라"로 연결이 된다. 그렇게 심리적 우위를 느끼면서 열등감을 해소한다. 구원자들은 가난한 사람, 약자들, 도움이 필요한 사람들을 도와주면서 '나는 당신보다 나은 사람, 우월한 사람'임을 확인한다.

그래서 현철 씨와 혜리 씨는 딱 맞는다. 구원자와 불쌍녀의 결혼이다.

반대인 경우도 있다. 사고 치는 남자와 구원하는 여자. 남자가 술 마시고 정신을 잃고 있으면 돌보는 여자를 만난다. 여자가 남자를 보살펴 주면서 애틋하게 느껴 결혼에 이른다.

이렇게 관계가 시작되어 평화롭게 유지되는 기간은 1~3

년이다. 그 시간이 지나면 불쌍녀인 혜리 씨는 자신이 하녀처럼 살고 있다는 사실을 깨닫고 현실에 눈을 뜬다. 잠에서 깨고 판타지에서 깨어나면, 남편이 구원자가 아니라 자신을 힘들게 하는 지배자로 보인다. 통제자 남편을 말로는 이길 수 없다. 그러면 아내는 어렸을 때 방법을 동원하게 된다. 엄마가 했던 것처럼 한꺼번에 폭탄을 터뜨려 상대방을 무력화시킬 수 있다. 이러면 현철 씨는 속수무책이 된다. 지금 현철 씨와 혜리 씨는 이 싸움 중이다.

혜리 씨가 그날 자신도 이상할 정도로 화가 난 이유는 스스로를 불쌍히 여기는 마음 때문이었다. 엄마와 분화되지 못한 채 엄마의 삶을 반복하고 있는 혜리 씨 자신의 문제인데, 이를 한심한 남편 때문이라고 착각한 것이다. 혜리 씨가 현철 씨 아닌 다른 남자와 살아도 마찬가지의 상황이 벌어질 것이다.

초등학교 시절 열등감을 많이 느낀 현철 씨는 이를 극복하기 위해 스스로 도사인 체한다. 그는 구원자를 필요로 하는 불쌍녀를 만나 결혼을 했는데, 부모와의 관계에서 느꼈던 외로움을 보상받고자 '최고의 부부'로 살고 싶은 마음이 커졌다. 자기 혼자 어떤 부부상을 정해 놓고는 혜리 씨에게 그런 모습에 부합하라고 강요하면서 갈등을 만든다. 혜리 씨와 현철 씨의 갈등은 개인사적인 부분에 근거하고 있다. 물론 남녀 차이, 개인의 성격 유형의 차이도 작용을 하고 있다. 현철 씨는 이성형, 혜리 씨는 감정형으로 감정형과 이성형의 차이는 4부에서 다루었다.

개인사의 문제는 대체로 뿌리가 깊다. 어린 시절부터 만들어진 역사이기 때문이다. 역사는 많은 경우에 현재 자신의 삶이나 세계관, 사물을 이해하는 관점의 근본이 된다. 자신이 기억할 수 있는 가장 어린 시절부터 시작해서 아동기, 청소년기, 청년기, 장년기에 어떤 삶을 살아왔는지 들여다보자. 특별히 떠오르는 사건이나 장면이 있으면 그때 자신이 어떤 감정이었는지, 그 감정은 어디에서 왔는지, 누구에게서 비롯된 것인지 생각해 보자.

부모님에 대해서는 무엇이 기억나고 어떤 마음이었는지도

떠올려 보자. 혜리 씨, 현철 씨의 케이스에 자신을 대입해서 생각해 보면 도움이 될 것이다. 이런 작업은 시간이 걸리고, 때때로 고통스러울 수도 있다. 이미 지난 일인데 기억해서 뭐하나 하는 생각이 들 수도 있다. 맞는 말이다. 자신이 살아온 역사적 경험을 바꾸지는 못한다. 그러나 나의 삶의 역사를 직시하고 도전하면, 그로 인해 만들어진 생각과 신념, 느낌, 감정, 관계 등은 바꾸어갈 수 있다. 사람은 변하지 않는다고 말하는 사람이 많지만, 원하는 만큼 변하지 않아서 그렇지 노력하면 변한다. 사람은 변할 수 있다. 변하지 않으면 생명체가 아니다.

나는 부부 상담을 통해 많은 부부를 변화시켜 왔다. 처음에는 자신들의 악순환적인 모습을 말하는 것조차 힘겨워하던 부부도 많았다. 자신은 변하고 있는데 상대방은 꿈쩍도 안 한다고 좌절하던 부부들도 있었다. '이렇게 사느니 차라리 헤어지고 말지'라며 자조적이었던 부부도 많았다. 그러나 이들 모두 처음에는 가능할 것 같지 않았던 변화를 끝내 이루어 냈다. 자신의 삶을 들여다볼 때마다 고통스러워하고 힘겨워했지만, 그 긴 고통을 견디고 이겨 냈다.

6부

누가 주도권을
쥘 것인가

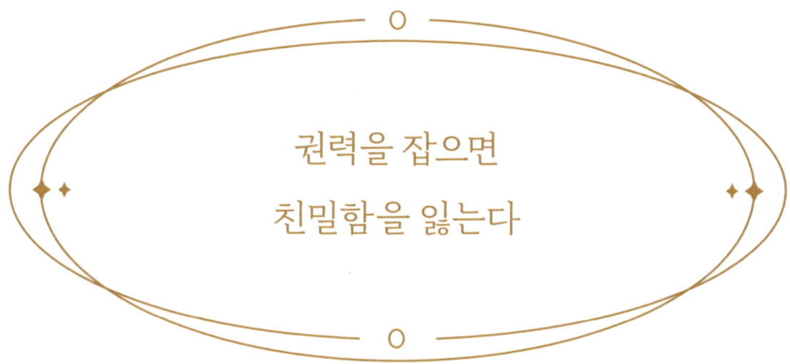

어딜 가든 두 사람 이상이 모이면 '누가 결정권을 가질 것인가'라는 권력 이슈가 생긴다. 사람에겐 누구나 내 마음대로 하고 싶은 욕구와 내 방식대로 일이 진행되기를 바라는 마음이 있다. 일상을 함께하는 부부 관계는 정치적으로 보면 권력 관계다. 대체로 부부 중 한쪽이 권력을 쥐고 산다. 남편이 힘이 세면 남편 중심으로, 아내가 힘이 세면 아내 중심으로 간다. 부부가 서로 다른 생각을 할 수 있음을 인정하지 않으면 더군다나 힘센 자의 생각이 지배하는 권력 관계로 간다.

우리는 어렸을 때부터 단일 민족 이데올로기를 강요당하며 역사적으로 문화적으로 '우리는 하나'라고 배워 왔다. 결혼하면 '부부는 하나'라고 하며 산다. 이렇게 '부부는 일심동체'라고 생각하면 반드시 주도권 싸움을 하게 된다. 엄연히 둘인데 하나로 살려고 하니까 누구의 의견으로 하나를 만들 건가라는 문제가 대두된다.

현대 사회에서 부부 사이의 주도권은 돈, 명예, 배경, 지식, 자존감 등과 연결되어 있다. 돈을 많이 벌거나 원가족에서 돈을 많이 지원받은 쪽이 권력을 잡기 쉽다. 사회적 지위가 높거나 학식이 높은 쪽도 권력자가 되기 쉽다. 이외에 심리적으로 힘이 센 사람이 주도권을 갖기도 한다. 합리적인 사람이 합리성을 내세워 주도권을 가질 수도 있다. 또한 지나치게 자기중심적이거나 심리적인 장애가 있는 사람이 주도권을 가질 수도 있다. 이들은 배우자를 자기 마음대로 하려고 해서 상대를 고통스럽게 만든다.

권력을 잡는 또 다른 방법은 희생과 헌신이다. 경제적으로 집안을 일으키거나 집안의 평화를 위해 큰 희생을 한 사람이 그 희생을 바탕으로 권력을 독점하기도 한다. 희생을 무기로 가족을 자신의 뜻대로 이용하는 경우에 대해서는 5부 혜리 씨의 사례에서 다루었다. 부부 관계에서 권력이 한쪽에 집중되면 둘 사이 친밀함을 잃을 수 있다.

파워를 추구하는 사람은 파워 대상자와 심리적 거리를 둔다. 파워는 영향력이고, 영향력은 심리적 거리가 있어야 발휘할 수 있기 때문이다. 따라서 가정에서 한 사람이 권력을 독점하면 상대 배우자는 마음에서 거리감을 느끼게 된다. 권력자는 권력을 행사하며 존중받기를 원하고 이에 더해서 사랑도 원한다. 하지만 거리감을 느끼는 배우자는 마음에서 우러나오는 존중과 사랑을 할 수 없다.

이처럼 권력을 독점하면 배우자와 친밀한 관계를 상실할 뿐만 아니라, 나중에는 권력에 눌린 사람에게 복수를 당하게 된다. 권력에 눌린 사람이 끝까지 눌리는 법은 없다. 주로 상대의 힘이 빠질 때까지 기다렸다가 복수를 한다. 그 대표적인 예가 평생 남편에게 눌린 여자가 황혼 이혼을 선언하는 것이다.

남들이 모두 부러워하는 40대 후반의 부부. 겉으로 보기엔 남부러울 것 없는 부부인데, 아내 정아 씨는 남편이 너무 피곤하게 한다며 상담실을 찾아왔다.

그녀가 처음 꺼낸 말은 "저는 제가 아내로서 존중받고 있다는 느낌이 들지 않아요"였다.

정아 씨는 얼마 전 부부 동반 여행을 다녀온 이야기를 들려줬다. 식사 중에 남편은 정아 씨에게 갑자기 생선 가시를 발라 달라고 했다. 일행 중 한 명이 장난치듯 "에이, 아이도 아니고. 혼자 발라 드세요"라고 했지만, 남편은 들은 척도 하지 않았다. 결국 정아 씨는 젓가락을 새로 가져다가 생선 가시를 발라 줘야 했다.

그뿐만이 아니었다. 식사 후 야외 벤치에 앉아 있는데, 남편이 정아 씨를 툭툭 치며 커피를 사 오라고 했다. 커피숍이 있는 건물까지는 한참을 걸어가야 한다고 말했지만 남편은 "왜, 가기 싫어?"라고 물을 뿐이었다. 정아 씨는 자리에서 일어날 수밖에 없었다.

"커피를 사 오면서 마음이 영 좋지 않았어요. '내가 지금 뭐 하고 있는 거지?' 싶더라고요. 남편이 당연한 듯 요구하는 것에 정말 피곤하다는 느낌이 몰려왔어요. 남편은 그걸 일종의 애정 표현이라고 생각하는 것 같아요."

"당신은 젠틀맨하고 살고 싶은 거잖아?"

옆에서 듣고 있던 남편 영석 씨가 불쑥 끼어들었다.

"글쎄……, 맞아. 난 젠틀맨이 좋아. 난 자상한 남편과 살고 싶어. 당신은 다른 사람들하고 있을 때는 엘리베이터 버튼도 누르고 있던데, 우리끼리 있을 때는 내가 다 하잖아. 장거리

운전도 다 내가 하고.”

“엘리베이터는 당신이 먼저 타 버리니까 잡아 줄 일이 없어. 그리고 운전석에도 당신이 먼저 앉잖아. 젠틀맨이 있으려면 레이디가 있어야 하거든.”

“내가 레이디가 아니라고?”

부부는 전형적인 악순환 대화를 하고 있다. 악순환 대화에는 상대가 무슨 말을 하는지 전혀 이해하려 하지 않고 자기 말만 하는 사람이 있다. 지금 정아 씨는 남편의 요구에 느꼈던 거부감에 대해서 이야기하고 있는데, 영석 씨는 거기에 대해서 아무런 반응도 보이질 않는다. 대신 “젠틀맨이 있으려면 레이디가 있어야 한다”고 말한다. ‘내가 젠틀맨이 아닌 것은 당신이 레이디가 아니기 때문’이라는 뜻이다. 문제의 책임이 정아 씨에게 있다는 것이다. 이렇게 말하면서 영석 씨는 “내가 생각하는 것에 네가 맞춰”라는 얘기를 하고 있다. 왕 노릇을 하고 있는 것이다. 이렇게 되면 정아 씨의 이야기는 사라지고, 정아 씨가 레이디인지 아닌지를 가리는 공방으로 가게 된다. 대화의 주도권이 영석 씨에게로 넘어간다.

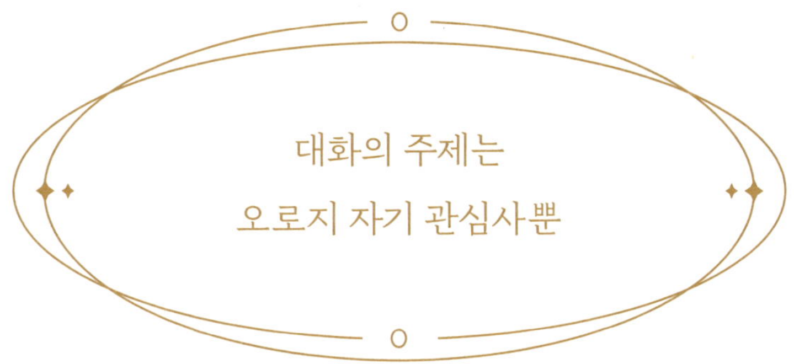

나는 영석 씨에게 "아내는 '젠틀맨'을 어떻게 생각하는지 아세요?"라고 물었다. 영석 씨는 모른다고 했다. 왜 모르는데 물어보지 않느냐고 하니 일반적인 개념으로 이해하기 때문이라고 했다. 이건 영석 씨의 생각이다. 아내의 생각이 자기 생각과 같은지 확인해 봐야 한다. 상대의 말이 무슨 뜻인지 잘 알지 못하면서도 물어보지 않는 그 자체가 아내를 레이디로 취급하지 않는 행동이다. 영석 씨는 아내가 레이디가 아니라서 레이디 취급을 하지 않는다고 말하는데, 젠틀맨은 상대를 가리지 않고 모든 여자를 레이디 취급한다. 영석 씨는 아내를 레이디 취급하지 않는 자신이 문제라는 생각은 하지 않는다. 자기 모습은 보지 못하고 아내만 지적하고 있다.

"선순환으로 가려면 아내가 한 말이 무슨 뜻인가를 먼저 물어야 합니다. '당신이 말하는 젠틀맨은 뭐야?' 이렇게 묻는 것이 아내를 레이디 취급하는 겁니다."

"아내는 제가 젠틀맨이 되는 것보다 더 중요하게 생각하는 것이 있다고 생각해요."

영석 씨가 전혀 다른 이야기를 꺼낸다.

"남편은 제가 젠틀맨이 아니라 돈을 많이 벌어다 주는 사람을 원한다고 생각하고 있어요."

정아 씨가 남편의 말을 설명했다.

"그렇죠. 아내가 정말 원하는 건 젠틀맨이 아니라 돈을 많이 벌어다 주는 남편일 거예요. 그러니 이 사람이 젠틀맨을 원한다고 생각하지 않는 거지요."

"그런 얘기를 해 주셨어야죠. 말을 안 해 주면 어느 누구도 모릅니다.”

“모를까요? 우리는 이런 식의 대화를 한 적이 많아요.”

영석 씨는 누구와 대화를 하든 자기의 생각대로 대화를 끌고 나가려고 한다. 자기의 관심사가 가장 중요하다. 이것이 자기중심성이다. 영석 씨는 매우 자기중심적인 사람이다.

“영석 씨는 지금 저와 대화를 하면서도 포커스가 또 넘어가려고 하고 있어요. 아내를 레이디 취급하고 있는지 자문해보라고 했는데 다른 얘기를 꺼내네요. 그렇게 되면 또 영석 씨 얘기를 하는 거지요. 지금도 여전히 정아 씨가 얘기하는 젠틀맨은 실종됐습니다.”

“제가 중요하게 생각하기 전까지는 그렇죠.”

“나한테는 중요하다고!”

정아 씨가 답답한 듯 소리쳤다. 왕과 왕비는 소통이 안 된다. 왕이 일을 하고 있는데 왕비가 와서 “당신은 젠틀맨이 아니야”라고 하면, “당신이 말하는 젠틀맨이 뭔데?”라고 묻지 않고 “뭔 소리야? 내가 지금 얼마나 중요한 일을 하고 있는데 그런 소릴 해?”라고 한다. 그러면 왕비 입장에서는 “그건 그렇지만 나에겐 젠틀맨도 중요한 거야”가 된다.

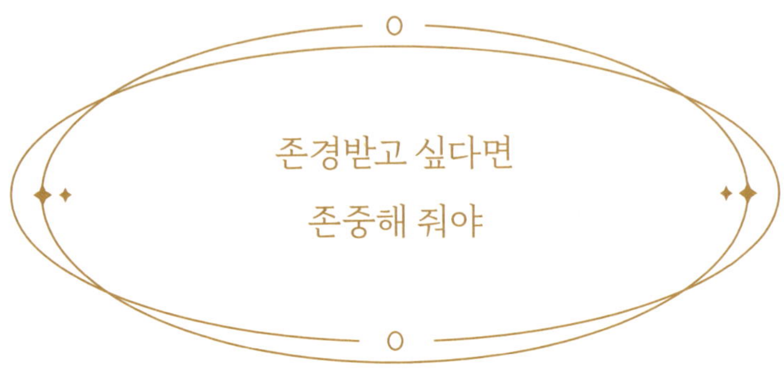

"내가 생각하는 젠틀맨은 '나를 아껴주는구나'를 느끼게 해 주는 사람이야. 한참 걸어가서 커피를 사 오라고 하는 건 완전히 신사의 반대지. 제왕처럼 굴지 않고, 나를 존중해 주는 사람이 젠틀맨이라고 생각해."

정아 씨가 자신이 생각하는 젠틀맨에 대해 얘기하며 커피 사건에 대해서 다시 한 번 얘기를 한다.

"당신은 '내가 다 알아서 할 테니 나를 따라오라'고 하는 사람이 좋다고 했잖아. 그거랑 젠틀맨이랑 맥이 안 닿잖아.”

영석 씨는 또 자기 이슈로 대화를 가져간다. 정아 씨가 하는 얘기를 전혀 수용하지 않고 자기 얘기만 한다. 정아 씨는 답답해 하며 계속해서 자기가 생각하는 젠틀맨, 다시 말해 자신이 바라는 남편상에 대해 얘기한다.

“내가 생각하는 젠틀맨은 여자가 무거운 것을 들고 있으면 대신 들어 주는 사람이야. 당신은 안 그러잖아. 시댁에 갈 때도 ‘나는 돈 버느라 힘드니까 당신이 운전해’라고 하며 조수석에 딱 앉고. 다른 집 남편들은 아예 아내에게 운전대를 안 준다고 하던데, 당신은 진짜 특이해.”

“당신이 먼저 운전하겠다고 했잖아. 당신 얘기는 왔다 갔다 해서 어떻게 해 달라는 건지 헷갈린다고.”

영석 씨가 아내의 얘기에 짜증스러워 한다. 이럴 때 남편은 아내의 이야기를 ‘아, 이 사람은 자기를 존중해 주기를 원하는구나’로 들으면 된다. 여자의 말에는 감정이 묻어 있다. 여자는 상황 설명을 하기도 하고, 감정을 전달하기도 하면서 원하는 것을 말한다. 젠틀맨에 관해 얘기할 때도 그렇다. 어떤 때는 문을 열어 주는 행동으로, 어떤 때는 부드럽게 대하는 느낌으로 젠틀맨을 설명한다. 또는 둘 다 섞어서 얘기하기도 한다. 남자들은 "이런 게 젠틀맨이야"라며 A, B, C로 정확하게 얘기해 주길 원하는데, 여자들은 A로 갔다가 B, C, A⁺, B, A 등으로 왔다 갔다 한다. 이것이 남자들에겐 굉장히 힘들다.

예를 들어보자. 남자는 "나도 젠틀맨과 살고 싶다"라고 말하는 여자가 문을 열어 주기를 원하는지 아닌지를 정확하게 표현해 주길 바란다. 그래서 아내가 "젠틀맨 소리 듣고 싶으면 문을 열어 줘야지!"라고 하면, 문을 열어 주고 나서는 "에이 씨" 한다. 이러면 여자들에겐 문 열어 준 것은 없어지고 "에이 씨"만 남는다. 남자 입장에서는 기껏 문 열어 달라고 해서 열어 줬는데 화를 내는 여자를 이해하기 어렵다. 남자에겐 "에이 씨"보다 문을 열어 준 것이 중요하다. 여자에겐 태도가 중요하다. 실제로 열어 주는 것보다도 "내가 열어 줄까?"라고 물어봐 주는 것이 더 중요하다.

"당신이 존경받고 싶듯 나도 존중받고 싶어. 나한테 커피 사다 달라, 생선 가시 발라 달라 하면 어쩔 수 없이 해 주기는 하지만, 하녀 취급받는 기분이 들어. 당신을 존경하기는커녕 나도 당신을 하인처럼 대하고 싶단 말이야."

정아 씨가 속마음을 얘기한다. 남편은 아내가 부하처럼 척척 말을 들으면, 쑥 올라가는 느낌이 들어 기분이 좋다. 남들에게 보여 주고 싶기까지 하다. 그런데 아내는 남편이 왕같이 행동하면 잘해 주고 싶기는커녕 무시하고 싶은 생각만 든다.

커피를 마시고 싶으면 "여보, 나 커피 좀 갖다 줘"라고 하는 대신에 "나 커피 먹고 싶은데……"라고 얘기하는 것이 좋다. 이렇게 하면 상대는 커피를 가져다줄 수도 있고 안 가져다줄 수도 있다. 본인이 원하는 대로 선택을 할 수 있다. 이 선택권이 남편을 젠틀맨으로 만들고, 여자를 레이디로 만들어 준다. 남편이 "커피 갖다 줘!" 이러는데 가져다주지 않으면, 아내 입장에서는 버티는 것이 되어 마음에 부담이 생긴다. 부부가 선순환으로 가려면 명령이 아닌 내가 원하는 것을 얘기해야 한다. 명령을 하면 선택의 여지가 예스, 노밖에 없다. 예스를 하면 하녀가 되고, 노를 하면 서로 싸우겠다는 말이 된다.

물론 "커피 마시면 좋겠어"라고 하는 것이 묵시적인 명령이 될 수는 있다. 하지만 아내가 "나는 별로 생각이 없는데"라고 말을 할 수도 있으니 선택권은 여전히 남아 있다. 젠틀맨은 선택권을 주는 사람이다. 상대에게 선택권을 주지 않으면 독재자가 된다.

옵션을 많이 줄수록 젠틀맨이다. 선택지가 있어야 여자가 산다. 여자는 이렇게 할 수도 있고 저렇게 할 수도 있을 때 자유로움을 느끼고 여성스러움을 발휘한다. 여자가 살아야 레이디가 된다. 모든 레이디는 여자에게서 나오는 것이지 남자에게서 나오지 않는다. 여자는 없는데 레이디만 요구하면 불가능한 것을 요구하는 셈이다. 아예 여자도 레이디도 없고 하녀만 있는 경우도 있다. 명령하는 남자는 하녀와 살겠다고 하는 것과 같다.

"우리는 남편이 더 잘 삐쳐요. 남편이 삐치면 전전긍긍하며 얼른 남편 마음을 풀어 주려고 노력했어요. 저는 하녀로 살았군요."

정아 씨가 씁쓸한 표정으로 말을 한다.

"이야기를 하다 보니 제가 그동안 기분이 좋지 않았던 게 무엇 때문이었는지 확실히 알겠어요. 그동안 이이가 뭘 해 달라고 하면 내키지 않으면서도 싸우기 싫어서 해 줬어요. '네가 원하니까 그냥 해 준다'고 하면서 억울함과 짜증을 많이 느꼈는데, 존중받지 못해서 그런 기분이었던 거네요. 앞으로 영석 씨가 저에게 존중과 사랑을 느끼게 해 주면, 저도 그렇게 해 주겠어요. 영석 씨는 자기는 그렇게 하지 못하면서 저한테만 요구했네요.”

영석 씨는 그동안 정아 씨에게 당연하다는 듯 존경을 강요해 왔다. 그래서 오히려 정아 씨에게 거부감과 반발심을 일으킨 것이다. 본인이 가장 원하는 것을 본인이 가로막고 있는, 아이러니한 형국이다.

“젠틀맨 얘기 충분히 하셨나요?”

정아 씨에게 물어보았다.

“네. 처음으로 이렇게 제 마음을 다 얘기해 보았네요. 남편은 제가 얘기를 시작하면 중간중간 끼어들어서 제 말을 막아요. 그래서 하려던 얘기를 충분히 하지 못하는 경우가 많았어요. 틀린 말은 아니니 수긍하긴 했지만 속으로는 ‘이게 아닌데’ 싶은 적이 많았어요. 남편이 결혼 초에는 이렇지 않았는데, 지금은 제 일거수일투족을 지적하고 훈계를 하죠. 그러면 저는 하룻강아지처럼 졸아들어서 제가 얘기하던 것은 쏙 들어가고 말아요.”

영석 씨는 정아 씨가 얘기를 할 때 “그게 아니고 이런 거지” 또는 “나는 이런데……” 하며 계속 끼어든다. 정아 씨의 단어를 수정하고 의견을 반박하면서 자기 의견을 얘기한다. 결국 정아 씨가 말하려고 했던 내용은 끝을 맺지도 못한 채 사라지고, 영석 씨가 제기한 다른 얘기만 하게 된다. 영석 씨의 모든 대화의 중심에는 ‘내가 말하는 것이 다 맞고, 너는 내 말을 들어야 한다’는 메시지가 있다. 어떤 얘기든 이 주제로 흡수된다. 이래서 자기중심적이라는 얘기를 듣는다.

이 부부가 선순환으로 가려면 영석 씨가 자신을 곱씹어 봐야 한다. 자신의 생각을 내려놓는 훈련을 해야 한다. 자꾸 본인 얘기를 하려는 마음을 막아서 자기 얘기를 줄이고 아내가 어떤 마음인지 이해하려고 노력해야 한다. 이를 영적 전투, 자기와의 싸움이라고 한다. 이것이 없으면 선순환으로 가지 못한다. 관계 자체가 권력적으로 가기 때문에 선순환으로 갈 수가 없다.

맏아들과 결혼한 민정 씨. 신혼 초부터 시어머니를 모시고 살았고, 2년 여간 암 투병을 하는 시어머니의 병시중을 했다. 시어머니가 돌아가시고 나서도 남편 민수 씨 형제들은 명절에 민수 씨 집에서 모이자고 했다. 민정 씨는 시댁 식구들과 만나는 일이 달갑지 않다. 민정 씨는 시부모님도 다 안 계시는데 때마다 모여야 되느냐며, 만약 그래야 한다면 누나와 남동생 집에서도 돌아가면서 모이자고 했다.

남편은 집에서 모이는 게 힘들어서 그런 거라면 사람을 쓰라고 했다.

"일하는 게 문제가 아니야. 와서 잘하느니 못하느니 잔소리하는 게 얼마나 스트레스인 줄 알아? 우리 집 지저분하고 음식도 맛없다고 자기들끼리 쑥덕거린 게 한두 번이 아니야. 나는 당신 식구들 싫어."

민수 씨와 민정 씨는 며칠째 추석 지내는 일로 실랑이를 벌이고 있다. 할 수 없이 민수 씨는 형제들과 의논해서 남동생 집에서 모이기로 했다. 그런데 민정 씨는 아예 동생네도 가지 않겠다고 했다.

"나는 이번에 친정에 가 있을 테니 당신만 다녀와. 우리 집에서 안 하는 거에 대해 또 얼마나 말이 많겠어. 나는 우리 집에서 하는 것도 싫고 동서네서 하는 것도 싫어."

"이것도 싫다 저것도 싫다 그럼 어쩌자는 거야?"

참고 있던 민수 씨가 역정을 낸다.

"나는 이미 며느리 역할 다 했어. 이제 명절 같은 거 각자 알아서 쇠자고 해."

또다시 추석을 어떻게 할 것인지 결정이 되지 않은 상태로 이야기가 끝나 버렸다. 이 부부도 악순환 부부다. 이 경우에는 아내가 권력을 쥐고 있다. 남편은 "이 사람이 우리 집 왕이에요. 뭐든 이 사람 하고 싶은 대로 다 해요"라고 말한다. 하지만 민정 씨는 그렇게 생각하지 않는다. 사람들은 보통 권력을 남용하지 않으면 스스로를 권력자라고 생각하지 않는다. 민정 씨는 스스로 경우 없는 일은 하지 않는다고 생각하고 있어 더욱 자기가 권력을 쥐었다고 생각하지 못한다. 그러나 민정 씨가 권력을 가진 것은 맞다.

"권력의 정의는 영향력입니다. 제가 민정 씨를 권력자로 보는 이유는 두 사람이 대화를 할 때 민정 씨 중심으로 얘기가 진행되기 때문입니다. 남편분은 다 맞춰 주고 있어요. 그것을 알고 있나요?"

"그랬나요? 이 사람이 저한테 맞춰 준다는 생각을 하지는 못했어요."

민정 씨는 본인은 할 만큼 했다고 생각한다. 민수 씨도 인정한다. 민정 씨는 헌신을 바탕으로 한 권력자다.

"당신이 우리 엄마 잘 모시고 병시중도 잘한 건 나도 인정해. 그래도 어떻게 장남이 명절을 안 챙기느냐고! 당신, 우리 애들이 그래도 좋아?”

“거기서 애들 얘기가 왜 나와?”

부부는 내 앞에서도 실랑이를 끝내지 않는다.

“부인은 시댁 식구들과 만나는 일이 싫은가요?”

내가 물었다.

“시댁 식구 만나는 일을 좋아하는 사람들이 있을까요?”

“부인은 어떠신가요?”

“저도 싫죠.”

“어떤 점이 싫은 건가요?”

“일이 많은 게 싫어요. 말도 많고요. 일도 힘이 드는데 뒷담화를 하니 기분이 좋겠어요?”

“시누분들이 하는 얘기를 듣고 마음이 많이 상하셨나 봅니다.”

“당연하죠. 홀시어머니 모시고 사는 게 쉬운 일인가요? 그런데도 칭찬은 못할망정 ‘집 안이 더럽네, 반찬이 오래됐네, 성격이 안 좋네’ 하는데 너무 화가 났어요. 그때 저는 직장 생활도 하고 있었거든요.”

“네, 힘드셨겠어요. 이런 힘든 상황을 남편분에게는 얘기하셨나요?”

“했어요. 그래도 이이가 내 얘기를 들어주어서 좀 견딜 수 있었어요.”

“이 사람이 매일같이 저를 닦달했습니다. 얼른 분가하자고요. 그래서 분가를 했는데 3년 후에 어머니가 암에 걸리셔서 다시 집을 합치고 아내가 어머니 병시중을 했죠.”

이들 부부는 시댁 일로는 다퉜지만 남편이 아내의 마음을 달래 주고 분가하자는 요구를 들어주어서 부부 관계는 좋았다.

“지금 아내분께서 저에게 가장 도움을 받길 원하는 부분은 어떤 것입니까?”

“저는 시집 식구들과 만나고 싶지 않은데 이 사람은 만나자고 하니 이 일을 어떻게 처리해야 할지 모르겠어요.”

두 사람의 대화가 선순환으로 가려면 각각의 주제를 분화시켜야 한다.

현재는 민정 씨가 무엇 때문에 시집 식구들을 만나고 싶어 하지 않는지 명료하지 않다. 하나로 뭉뚱그려져 있다. 인간이 세상을 지배할 수 있는 이유 중 하나는 분화가 되었기 때문이다. 성장, 발달 또는 성숙의 증거는 구별할 줄 아는 능력이다.

많은 부부들이 갈등하고 다투다가 상담 후에는 서로를 많이 이해하게 된다. 각기 다른 것을 뭉뚱그려 보다가 구별할 줄 알게 되는 것이다. '아, 이게 이거였구나. 아, 저게 저거였구나' 하고 구별하면서 서로 이해하고 갈등이 줄어든다.

"민정 씨는 시댁 식구들을 만나면 일도 힘들고 뒷담화 듣는 것도 힘들다고 했는데, 어떤 것이 더 힘이 드나요?"

내가 물었다.

"일하는 거는 사람을 쓴다고 쳐요. 뒷담화하는 건 스트레스가 너무 커요. 맨날 동서하고 비교당하는 것도 싫고요."

"가장 싫은 것이 동서와 비교당하는 것인가요?"

"그렇죠. 한참 나이 어린 손아래 동서와 비교당하는 게 좋겠어요?"

"네, 누군가와 비교당하는 것은 정말 싫은 일입니다. 민수 씨는 민정 씨의 이런 마음을 알고 계셨나요?"

"아니요, 저는 몰랐어요. 아내가 이런 문제로 힘들어하고 있는 줄은 몰랐습니다."

"그래, 나는 동서와 비교당하는 게 싫어. 당신 누나들이 맨날 와서 하는 얘기가 그거라고."

민정 씨가 처음으로 남편에게 자기 마음을 얘기하고 있다.

"동서분하고 비교당할 때 어떤 마음이 드세요?"

"저만 나쁜 사람 같다는 생각이 들죠."

"나만 나쁜 사람 같다는 것이 무슨 말인가요?"

나는 민정 씨가 자신의 마음을 좀 더 잘 들여다볼 수 있도록 계속 질문을 했다.

"사실 우리 시어머니도 그렇고 이이도 그렇고 사람들이 점잖아요. 그래서 시어머니도 모실 수 있었어요. 하지만 남들은 다 저에게 효부라고 하는데 시누들은 흉을 보니까, 제가 나쁜 사람이 되는 것 같아요."

민정 씨는 나쁜 사람이 되고 싶지 않다. 그러나 왜 나쁜 사람이 되고 싶지 않은지 자기 마음을 아직 모르고 있다.

"나쁜 사람은 어떤 사람입니까?"

"이기적이고 자기만 아는 사람인 거죠. 그리고 게으르고."

"민정 씨는 그런 사람이 되면 안 되나요?"

"그렇죠. 그런 사람이 아닌데 그런 사람을 만드니까 제가 만나기 싫어하는 거죠."

"네, 그러니까 지금 시댁 식구들을 만나면 내가 게으르고 나쁜 사람이 되는 것 같아서 만나기 싫다는 거죠?”

“네, 그거예요. 그동안 수고한 건 다 없어지고 나만 게으르고 나쁜 사람이 되는 것 같잖아요. 손아래 동서보다 못한 사람이 되고. 생각할수록 화가 나서 정말 꼴도 보고 싶지 않아요.”

“민정 씨는 시댁 식구들에게 좋은 사람이라고 인정받고 싶으신 것 같은데, 맞나요?”

“네???”

이 질문은 민정 씨가 한 번도 생각해 보지 않은 질문이었다. 한 번도 생각해 보지 않았던 질문을 받았을 때 사람은 성장한다. 민정 씨는 시누들이 자신을 흉본다고 생각해서 싫었는데, 정작 자신이 원했던 것은 시누들로부터의 인정이었다는 얘기를 들은 것이다.

여태껏 한 번도 듣지 못했던 질문을 받고 멘붕 상태인 민정 씨에게 물어보았다.

"처음 생각해 보는 질문이죠?"

"네, 그래서 얼떨떨해요. 그런데 누구나 시댁의 인정을 받고 싶어 하는 거 아닌가요?"

민정 씨는 좋은 사람으로 인정받고 싶은 것 같다는 나의 질문에 "그렇다"는 대답 대신 "누구나 그런 것 아니냐"고 되묻는다. 자신의 마음이면서도 미처 인식하지 못했던 때문이기도 하고 그 마음을 인정하기 어색해서도 그렇다.

"시누분들에게 정말 원하는 것이 무엇인가요? 한번 생각해보시겠어요?"

"그동안 수고한 것에 대해 인정해 주고 손아래 동서하고 비교하지 않는 거죠."

"네, 그럼 시누들에게 그런 얘기를 해 보시면 어떨까요?"

"그런 얘기를 어떻게 해요?"

"누나들이 이 사람 수고한다는 얘기 많이 했어요. '저런 며느리 없다'고 한 적도 있고요. 이 사람이 좋은 소리 한 거는 기억을 못 하고, 한두 번 안 좋게 얘기한 거만 마음에 담아두고 화를 내는 것 같아요."

조용히 듣고 있던 민수 씨가 얘기한다.

민정 씨는 좋은 사람, 착한 사람이라는 소리를 듣고 싶어한다. 손아래 동서보다 낫다는 소리도 듣고 싶다. 그런데 시집 식구들이 하는 얘기를 들으면 자기만 나쁜 사람, 못난 사람이 되는 것처럼 느껴진다.

"민정 씨는 나쁜 사람이 되는 것이 싫어서 시댁 식구를 안 만나고 싶은 거네요.”

“네? 아니 그게 아니라 시누들이 흉을 보니까……”

“그러니까 시누분들이 흉보는 게 싫은 이유가 민정 씨가 나쁜 사람이 되는 것 같아서거든요.”

“아, 네. 그게 그렇게 되나요?”

이제야 민정 씨는 자신의 마음을 인정할 수 있게 되었다.

“민정 씨가 나쁜 사람이 되기 싫어서 명절에 시댁 식구들과 만나는 것을 싫다고 하면 민수 씨 마음은 어떨까요?”

“좋지 않겠죠.”

“그럼 두 사람의 이해관계가 충돌될 때 누구 의견을 따라야 할까요?”

“그야 제 의견에……”

자신의 입에서 당연한 듯 나온 말에 민정 씨가 흠칫했다.

“네, 이래서 민정 씨가 권력자입니다. 민정 씨 의견에 따라야 한다고 생각하시는 이유가 있을 텐데요?”

“제가 그동안 시어머니도 모시고 살았고 병시중도 했으니, 저는 할 만큼 했다고 생각해요. 이제 비교당하면서까지 시누들을 보고 싶지 않아요. 남편도 제 의견에 따라야 한다고 생각해요.”

“네, 충분히 그렇게 생각하실 수 있습니다. 민수 씨도 그것을 인정하고 있고요. 그래서 지금 민수 씨가 이러지도 저러지도 못하고 여기까지 저를 찾아오게 되었습니다.”

민정 씨는 헌신을 바탕으로 한 권력자다. 이런 헌신을 알아주지 않는 남편도 많은데, 민수 씨는 이것을 알아주고 표현도 한다. 그래서 두 사람의 관계는 좋은 편이다. 그렇다 해도 부부 중 한 사람의 의견이 계속 묵살된다면, 이는 독재다. 부부 관계가 독재로 가지 않으려면 남편은 자기의 의견을 얘기하고, 아내는 자신의 의견만 내세울 것이 아니라 조율을 하겠다는 마음을 가져야 한다. 그러려면 민정 씨는 자신이 쥐고 있는 것을 놓아야 한다. 착한 사람, 좋은 사람으로 인정받고 싶다는 자기 자신에 대한 이미지를 내려놓아야 한다.

이 부분이 참 어렵다. 상담을 하다 보면 누구나 자기가 고수하던 이미지가 깨지는 단계에 이르는데, 누구나 이를 견디기 힘들어한다. ‘나는 좋은 사람이고 잘난 사람’이라는 자기 이미지가 깨지면서 있는 그대로의 자신을 받아들일 수밖에 없기 때문이다. 그런데 이를 인정하고 나면 오히려 자유롭고 편하다. 자기 이미지를 고수하기 위해 애를 쓸 필요도 없고, 자기 이미지를 깎아내린다 생각했던 사람을 비난하던 것도 멈출 수 있게 되기 때문이다. 다른 사람에게 자신이 어떻게 보이는가를 중요하게 여기며, '좋게 보이기'를 추구하는 마음을 상담학적으로는 '자기애적 태도'라고 한다. 이러한 나르시시즘은 건강한 면과 병리적인 면이 동시에 있다. 건강한 나르시시즘은 자신을 유지하고 정체성을 확립하는 데 중요한 역할을 한다. 그러나 나르시시즘이 지나치면 병리적이 된다. 다른 사람들은 안중에도 없고 오직 자신이 바라는 것만을 중요하게 생각한다. 병리적 나르시시즘을 가진 사람들은 다른 사람들을 자신의 모양을 유지하기 위해 이용하고 활용한다.

살아 있는 한 이 주제는 끝나지 않는다. 미성숙할수록 내가 아닌 상대가 꼴불견이라고 생각한다. 이런 생각을 바꾸지 않으면 부부는 자신의 폼, 체면을 유지하려고 싸우게 된다. 이 끝없는 싸움은 '내 꼴이 별로 좋지 않다'는 것을 수용할 때 끝난다. 이것을 인정하는 마음이 성숙이다. 그때 평화가 찾아온다.

나는 민정 씨에게 물었다.

"이기적인 사람으로 보이면 어떤가요?"

“당연히 싫죠!”

“무엇이 싫은가요?”

민정 씨는 대답을 하지 못한다. 한참 생각을 하던 끝에 민정 씨는 말했다.

“이기적이면 손가락질 받잖아요? 그러면 당연히 좋지 않잖아요.”

민정 씨는 같은 말을 다르게 하고 있다. 손가락질은 다른 사람이 하는 거다. 이 부분이 사람들이 성장하는 데 걸림돌이 된다. 주로 시선이 다른 사람에게 있으니 자신이 어떤지 잘 모르는 것이다. 나는 거듭 민정 씨에게 질문을 했다.

“손가락질은 상대방이 하는 행위고요. 손가락질을 받으면 어떠세요?”

자신에 대해서는 많은 생각을 해 보지 않은 사람들에게 이런 질문은 어렵다. 민정 씨는 한참을 생각한 후에 잘 모르겠다고 했다. 나는 민정 씨에게 숙제를 해 오라고 했다. 다른 사람이 손가락질을 하면 내 마음이 어떤지를 면밀하게 살펴보라고 했다. 일주일 후에 민정 씨 부부는 다시 상담을 하러 왔다.

“교수님, 제가 곰곰이 생각을 해 보니 다른 사람이 손가락질을 하면 제가 미칠 것 같아요.”

지난번보다 훨씬 진전된 대답이다.

“미칠 것 같다는 마음을 좀 더 이야기해 주시겠어요?”

“시댁 식구들은 남들이 법 없이도 살 사람들이라고 해요. 결혼할 때 이게 정말 좋았어요. 그런데 들어와 살아 보니 그게 불편할 때가 많은 거예요. 나만 나쁜 사람 같은 느낌도 들고요. 왠지 이 집에서 겉도는 느낌이 있었어요. 그래서 어머니도 성심껏 모시고 병시중도 하면서 시댁 식구들하고 잘 지내려고 저 나름대로 많은 노력을 했어요. 그러면 시댁 식구들이 인정해 주고 남편에게 사랑받을 줄 알았지요. 물론 남편이 저를 인정해 주는 부분이 많이 있었지요. 그런데 시누들이 저를 흉보잖아요. 나는 좋은 사람으로 인정받기 위해서 최선을 다하고 있는데, 시누들이 저를 이기적이라고 하면 그동안의 노력이 허사가 되잖아요.”

민정 씨는 눈물을 흘리면서 자기가 얼마나 시댁 식구들로부터 좋은 사람으로 인정받고 싶었는지 토로했다. 그렇게까지 헌신한 자신을 이기적이라고 하는 시누들이 정말 밉고, 자신이 불쌍하다고 했다. 나는 민수 씨에게 민정 씨를 안아 주라고 했다. 민수 씨는 민정 씨를 꼭 안아 주었다.

"민수 씨, 이제 아내가 왜 그렇게까지 자기 뜻대로 하길 원했는지 이해하셨나요?"

"네, 이해됩니다. 아내가 이런 생각을 하고 있는지 미처 몰랐습니다. 우리 식구들한테 인정받으려고 그렇게 노력했다니 아내에게 미안한 마음이 듭니다."

두 사람은 중요한 부분에 도달했다. 민수 씨는 아내가 왜 그렇게 시누들 만나는 것을 피하는지 이해했고, 민정 씨도 자신이 왜 그렇게 시누들을 미워했는지 스스로 이해했다. 자신의 좋은 사람 이미지를 지키기 위해 시댁 식구를 보고 싶어 하지 않았다. 문제의 원인이 시댁 식구가 아니라 자기 자신임을 알게 되었다. 민정 씨는 이런 자신을 보고 나자 시댁 식구들에게 미안해졌다. 민수 씨는 이런 아내가 너무나 안쓰러워, 더 도와줘야겠다는 마음이 들었다. 그렇게 둘 사이는 급속도로 가까워졌다. 민정 씨는 민수 씨가 자기 마음을 알아주어서 행복하다고 했다. 그리고 시댁 일에 대해서는 남편의 말을 따르겠다며 자신의 권력을 내려놓았다.

7부

선순환 부부로 사는 법

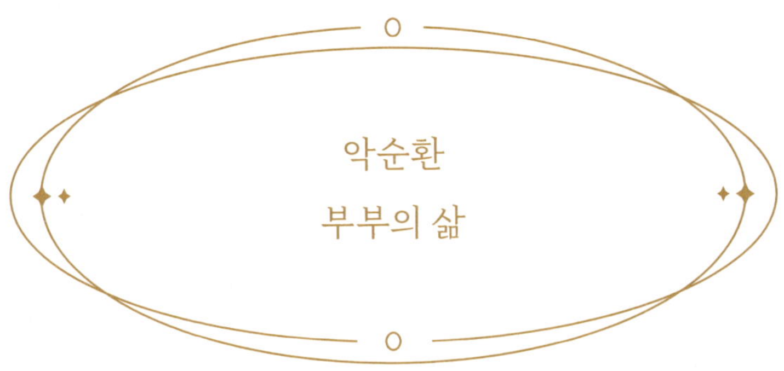

악순환 부부의 삶

선순환 관계로 가는 방법을 보기 전에 먼저 어떤 것이 악순환인지 살펴보자. 우리들의 일상적인 모습은 악순환일 때가 더 많다. 악순환 관계는 노력하지 않아도 되지만, 선순환 관계는 노력을 많이 해야 이룰 수 있다. 이는 인간의 자기중심성 때문에 그렇다.

자기중심성을 갖고 태어난 아기는 자라면서 타인을 배려하는 마음을 갖게 된다. 인간의 본능에 교육의 힘이 더해진 덕분이다. 인간은 자기중심성과 타인을 배려하는 마음 두 가지를 동시에 가지고 산다. 이런 두 가지 방향성이 어떻게 조합되는가에 따라 타인을 좀 더 배려하는 사람이 되기도 하고, 타인을 조종하며 통제하는 사람이 되기도 한다.

악순환의 삶을 사는 사람들은 자기중심성을 가지고 타인을 지배하면서 자신의 통제적 욕구를 충족하려고 하거나, 타인에게 붙어서 자신의 의존적 욕구를 충족하려고 한다. 이런 자기중심적 통제 욕구나 의존 욕구는 타고나는 것이어서 특별한 노력을 하지 않아도 저절로 나타난다.

악순환의 부부 관계에서 남편은 아내를 통해 자신의 욕구만을 채우려고 한다. 성적 욕구, 편안함의 욕구만을 채우려고 한다. 남편은 필요한 경우에만 아내와 함께한다. 마치 혼자 사는 것처럼 아내에 대해 아무 신경을 쓰지 않는다. 성관계도 아내를 배려하지 않고 자신의 욕구만 충족시키는 관계를 갖는다. 불만이 생긴 아내는 남편의 말을 듣지 않는다. 남편이 싫어하는 말이나 행동을 하면서 남편을 불편하게 만든다. 또한 성적으로 전혀 흥분을 하지 않거나 성관계를 거부한다. 남편은 위협이나 설교, 간섭을 통해 아내를 지배하려고 하다 안 되면 폭력으로 치닫는다.

남편이 아내를 지배하려고 하면, 아내는 남편을 무시한다. 무시는 여러 가지 양상으로 나타난다. 여러 사람이 있는 곳에서 공개적으로 무시하거나, 부부 동반 자리에 가지 않으면서 망신스럽게 만들기도 한다. 아내의 남편 무시하기가 계속되면 남편은 아내를 버린다. 버리는 방법도 다양하다. 일에 몰두하거나 아내와 말을 하지 않거나 말을 들어도 대충 듣는다. 자신의 방에 들어가 문을 잠그기도 한다.

버려진 아내는 남편을 비난하며 남편의 스케줄이나 활동 범위를 꼬치꼬치 따져 묻고, 의심스러운 일이 생기면 끝까지 따지면서 남편을 궁지로 몰아넣는다. 남편은 이를 억압하려고 하는데, 심한 경우에는 폭력으로 이어지기도 한다.

불만과 억압의 악순환은 계속된다. 물리적인 힘이 통하지 않으면 경제적인 방법을 쓴다. 월급을 제대로 가져다주지 않는 것이다. 돈을 주지 않는 남편에게 아내는 밥을 해 주지 않고, 살림을 하지 않는 것으로 대응한다. 부부 관계는 파탄으로 치닫게 된다. 악순환의 부부 관계에서는 착취와 무시, 버림과 요구, 이용과 비난, 억압과 불만이 서로 얽혀 있다.

악순환 부부로 사는 확실한 방법이 있다. 이렇게 하면 된다.

1. 자기 말만 한다

상대가 얘기할 때 내 말만 하면 그 관계는 악순환으로 간다. 내 말만 하는 남편이나 아내는 배우자의 말을 부분적으로 듣거나 편파적으로 듣는다. 그렇게 들은 부분을 전부로 여기면서 이에 따라 상대방에게 반응한다. 이러면 상대방은 자신이 말하려고 했던 내용이 상대방에 의해서 왜곡되는 느낌을 받는다.

5부에 소개한 혜리 씨와 6부의 영석 씨 사례가 이를 잘 보여 준다. 자기 말만 하는 사람은 심리적으로 결핍이 있거나 자기중심성을 조절하지 못하는 미성숙한 사람이다. 심리적 결핍을 치유하는 활동을 해서 결핍에서 벗어나야 한다. 자신이 하는 말이 상대방에게 어떻게 들리는지 이해하는 민감성 훈련이 필요하다. 배우자의 메시지가 무엇인지, 그 마음은 어떤지를 살피고 그에 대해 반응을 하지 않으면, 그것은 귀로 들어도 제대로 들은 것이 아니다.

2. 자기식으로 말한다

자기식으로 대화를 하면 반드시 악순환이 된다. 이성형이 감정형에게 자신의 방식으로 얘기를 하면 악순환이 된다. 이성형이 한꺼번에 할 수 있는 얘기를 하나하나 단계를 밟아가며 얘기하면 감정형은 견디기 어렵다. 참으며 듣다가 못 견디고 폭발한다. 마찬가지로 감정형이 전후 맥락 없이 느닷없이 감정을 터뜨리며 말을 하면 이성형은 혼란스럽고 궁금해 한다. '저 사람이 왜 저러지? 내가 뭘 잘못했나?' 싶어 차근차근 물어보면, 감정형은 "당신 참 뒤끝이 있네! 왜 이렇게 지질하게 굴어!"라고 비난하기 쉽다. 그러면 이성형은 감정형이 미성숙하다고 생각하고 관계를 단절하려고 한다.

그러면 감정형은 외롭고 혼자 있는 느낌이 들거나 버려지는 느낌이 든다. 이것이 감정형이 제일 힘들어하는 상황이다. 서로의 스타일에 맞게 대화를 하지 않으면 부부 관계는 악순환이 된다.

3. 큰일만 중요하게 여긴다

현대 사회에서 부부 사이의 큰일은 돈을 버는 일, 자녀를 교육시키는 일, 집안 경조사를 챙기는 일 등이다. 그런데 이런 일만 중요하게 여기다 보면 부부 사이의 친밀함이 사라진다. 부부 사이에는 장난치기, 실없는 농담 주고받기, 서로의 추억 공유하기, 메모 남기기 등 작은 것이 친밀함에 더 중요하다. 이런 작은 일들을 함께하는 것을 중요하게 여기지 않으면, 가정은 업무를 수행하는 조직이 되고 만다. 조직은 이해관계에 따라 움직인다. 친밀감이나 서로를 존중하고 배려하는 마음이 아닌 자신의 이득에 따라서 가족 관계 또는 부부 관계가 형성된다.

4. 각각의 것을 하나로 뭉뚱그린다

부부 사이에서 배우자 개인과 배우자 원가족의 일을 분리해서 볼 수 있어야 한다. 시댁이 싫다고 남편을 나쁜 사람으로 만드는 것은 다른 카테고리의 일을 한꺼번에 섞는 것이다. 남녀 차이를 인정하지 않은 채 무조건 "네가 나쁘다"라고 비난하는 것도 각각 다른 것을 하나로 뭉뚱그리는 것이다. 우리가 이 책에서 남녀 차이, 성격 유형 차이, 살아온 가족 환경의 차이를 살펴본 이유는 이런 분화를 돕기 위함이었다.

5. 뭐든 당연하게 여긴다

잘못한 것을 잘못했다, 미안하다 얘기하지 않고 쓱 넘어가면, 딱 꼬집어 말할 수는 없지만 마음이 개운하지 않다. 이런 일이 여러 번 생기면 앙금이 생긴다. 이 앙금은 수시로 튀어나와 작은 일을 큰일로 만든다. 고마운 것, 알아주어야 할 것을 당연히 여기고 고맙다고 표현하지 않는 것도 마찬가지다. 내가 수고하고 헌신한 것을 상대가 인정하지 않으면 하녀나 머슴 같은 기분이 들 수 있다. 그러면서 자존감이 떨어지고, 상대방을 향한 원망의 마음이 생긴다.

6. 늘 내가 옳다고 주장한다

실수를 인정하지 않으면 상대는 거리감을 느끼며 불신감을 갖게 된다. '무슨 일을 하든 내가 하는 일은 옳다'라는 자세를 가지고 있으면, 저절로 상대방과 악순환으로 간다. 내가 옳다고 주장을 하면 상대방은 틀렸다는 이야기가 된다. 특히 부부가 갈등이 생겼을 때 "내 말이 맞잖아!"라고 주장하기 시작하면 서로 누구 말이 맞는지 생각해 봐야 한다.

많은 부부가 "네 말이 맞는지 내 말이 맞는지 길 가는 사람들한테 물어보자"라고 하면서 서로 옳다고 주장한다. 주장은 필연적으로 다툼을 만들어 낸다. 이는 도덕적 우위에 서기 위한 전쟁이다.

주장은 사랑 안에서 해야 한다. 아무리 옳은 이야기라 하더라도 때로는 옳음이 상대방을 죽이는 칼이 될 수 있음을 이해해야 한다. 옳지만 상대방이 힘들어하거나 어려워하면 잠시 주장을 보류할 수 있는 배려심이 먼저 필요하다.

7. 잘못된 일은 배우자 탓을 한다

부부 동반 모임에 차가 막혀서 늦었을 때, 친척의 경조사를 제대로 챙기지 못해 어떤 말을 들었을 때 "당신 때문에 늦었잖아!", "그런 것도 안 챙기고 뭐 했어?"라며 배우자를 탓하면 악순환으로 간다. 아이가 아프거나 학업 성적이 좋지 않을 때도 서로 '당신 탓'이라고 하면 악순환으로 간다.

'잘되면 제 탓, 못되면 조상 탓'이라는 속담이 있다. 공은 나에게 돌리고 잘못은 상대방에게 돌린다는 의미다. 이런 사람은 자신과 상대방을 선과 악으로 구별하는 이분법적 정신세계를 가졌다. 이분법으로 세상을 보는 방식은 주로 아주 어린 아이들에게서 발견된다. 성숙해지면 자신 속에 좋은 마음과 나쁜 마음이 공존하고 있다는 것을 알게 된다. 상대방 마음에도 좋고 나쁨이 동시에 존재함을 이해한다. 어떤 상황에서는 좋은 마음이 나오고, 다른 상황에서는 나쁜 마음이 나오기도 하는 것이 인간임을 이해하는 사람이 성숙한 사람이다.

선순환
부부의 삶

　　선순환의 부부 관계에서 남편은 아내에게 관심을 가지려고 노력한다.

　　아내의 생일 같은 중요한 날들을 잊지 않고 기억하고, 아내에게 자주 전화를 한다. 이러한 남편의 이해는 아내의 마음을 비추는 빛과 같아서 아내를 밝게 만든다. 밝아진 아내는 남편에게 좋아하는 마음을 자주 표현한다.

　　선순환의 부부 관계에서 남편은 전체적으로 가족을 보호

하는 책임을 맡는다. 남편은 자식 문제나 시댁 일로 아내의 마음이 흔들릴 때 마음을 잡아 주고, 감정의 기복이 심할 때 이를 받아 주는 역할을 한다. 보호를 받은 아내는 남편에게 고마움을 느낀다. 아내의 고마운 마음은 남편에 대한 심리적 지지로 이어진다. 아내는 가정을 되도록 편안하게 만든다. 남편이 집에 돌아오는 시점에 아이들과 즐거운 관계를 만들어 남편이 편히 쉴 수 있게 해 준다. 남편이 아내를 보호하려면 아내의 심리적 지지가 필요한데, 아내가 심리적 지지를 하니 남편은 아내를 더 보호하게 된다.

남편의 헌신을 통해 아내가 남편을 존경하면서, 서로에 대한 신뢰와 감사를 이끌어 낸 부부 사례를 소개한다.

결혼 전 요리를 제대로 해 본 적이 없던 영주 씨는 신혼 초 식사 문제로 남편과 자주 다퉜다. 영주 씨는 밖에서 사 먹자고 했고 남편은 싫다고 했다. 매일 같은 문제로 다투기를 3~4년, 어느 날 남편이 폭탄선언을 했다.

"그동안 적성에 안 맞는 일 억지로 하느라 고생했어. 넌 음식 하는 걸 싫어하고, 난 좋아하잖아! 그런데 네가 하기 싫은 걸 억지로 하니까 서로 사이만 나빠지는 것 같아. 이제 내가 부억 접수할게.”

이후로는 남편이 식사 준비를 도맡았고, 영주 씨는 그 외의 집안일을 했다.

“부엌을 접수한 지 2년 후, 남편은 회사를 그만두고 대학원을 다니게 되었어요. 그때는 남편이 집안일을 전부 했어요. 아침에 일어나면 남편이 아침상을 차려 놓고 기다리고 있는 거예요. 퇴근하면 저녁상이 딱 차려져 있었어요. 그때 정말 고마웠죠. 요즘은 남편이 직장일 때문에 집안일을 할 시간도 없지만, 한다고 해도 하지 말라고 해요. 만약 남편이 집안일을 전담했던 과정이 없었으면, 저도 ‘너만 피곤해? 나도 피곤해’ 하며 화냈을 것 같아요.”

이 부부를 보자. 남편은 스스로 부엌을 접수했다. 음식 만드는 일을 부담스러워하는 아내를 위해 요리를 잘하는 자신이 식사 준비를 맡고, 아내는 다른 일을 하도록 했다. 게다가 대학원에 다닐 때는 집안 살림을 도맡아 하면서 아내가 사회생활을 잘할 수 있도록 지원했다. 영주 씨는 남편이 자신을 위해 그런 결정을 내리고, 충실하게 부엌일과 집안일을 해 준 헌신에 고마움과 존경하는 마음까지 있다. 그래서 직장을 그만두고 대학원을 다니겠다고 했을 때도 적극적으로 지원해 주었다. 이후 남편이 다시 취업을 해서 시간이 없어 집안일을 잘 못 도와줘도 영주 씨는 불만이 없다. 영주 씨는 남편에게 쓰레기도 버리라고 하지 않는다고 한다. '남편은 언제든 시간만 있으면 집안일을 할 사람'이라는 믿음이 있어서 혼자 집안일을 해도 억울한 마음이 들지 않는다는 것이다.

이 부부는 선순환 부부의 모델이다. 선순환이 되는 부부에게는 믿음과 고마움이 있다. 고마움이 생기기 전에 먼저 헌신이 있다. 남편의 "부엌을 내가 접수하마"가 헌신이다. 그 헌신을 보고 고마움이 생긴다. 고마우니까 내가 이 사람을 자꾸 세워 주고 싶다. 세워 주면서 친밀감이 생긴다.

선순환으로 사는 방법은 악순환 부부가 하는 반대로 하면 된다. 비교를 위해 악순환 부부의 내용과 중복되는 부분을 그대로 두고 말만 바꿔 보겠다.

1. 배우자 얘기를 더 많이 듣는다

나보다 상대가 하는 얘기를 더 중요하게 여기면 그 관계는 선순환으로 간다. 상대방의 말을 듣는다는 건 단지 소리나 사실만을 듣는 것이 아니라 상대방의 마음으로부터 나오는 메시지를 들으려고 노력하는 것이다. 이야기를 듣는 사람은 "그러니까 당신 말은 이런 뜻이라는 거지?"라며 상대방의 말을 요약하기도 하고 반영하기도 하면서 듣는다.

그리고 자주 묻는다. "내가 당신 말을 잘 이해한 거야? 혹시 내가 놓치고 있는 부분이 있어?"라는 식의 말을 하면, 상대방은 마음이 편안해진다.

2. 배우자 방식으로 말한다

내가 아닌 상대의 방식으로 대화를 하면 선순환으로 간다. 이성형이 감정형에게 감정형의 방식으로 얘기를 하면 선순환이 된다. 상대의 마음에 공감하는 말을 하면서 함께 감정을 공유하는 것이다. "당신 짜증이 났구나? 그럴 만도 해! 나라도 그럴 것 같아. 생각할수록 나도 짜증이 나려고 하네" 이런 식으로 말이다. 이런 말을 들으면 감정형은 언제 짜증이 났었나 싶게 기분이 좋아진다. 서로의 방식으로 대화를 하면 '역시 이 사람과 결혼하길 잘했다'는 생각이 든다.

마찬가지로 감정형은 이성형과 대화를 할 때 사실 관계를 중요하게 여기면 된다. 이성형은 사실 관계가 틀렸다고 생각하면 다음 이야기로 넘어가기 어렵다. 감정형은 감정에 치우치는 성향이기 때문에 때론 사실을 누락하거나 축소 또는 과장하기도 한다. 감정형이 이성형과 말할 때는 사실적인 측면에 좀 더 집중하면서 이성형이 말하는 사실적 내용을 본인이 잘 들었는지 확인한다. 이런 사실 확인은 이성형의 마음으로 들어가는 중요한 관문이다. 사실 또는 이성형이 중요하게 여기는 개념이 확인되면 이성형의 마음으로 들어가기 쉽다. 감정형이 이성형의 마음을 만나기 위해서는 이런 단계를 밟으며 말을 하고 듣는 노력이 필요하다.

3. 작은 것을 중요하게 여긴다

서로의 유형으로 이야기할 수 있는 부부 관계는 그 누구도 방해할 수 없는 좋은 관계가 된다. 남편이 돈을 조금 적게 벌어와도, 아내가 살림을 잘하지 못한다 해도 행복한 부부 관계를 만들 수 있다. 마음이 통하고 연결된 사람끼리는 작은 것도 재미있고 즐겁다. 상대방이 조금만 웃긴 표정을 지어도 낄낄거린다. 실실거리는 행동에서 즐거움이 생긴다.

이런 즐거움이 선순환을 만들어 내면서 전체적으로 분위기가 부드럽고 온화해진다. 이런 분위기에 익숙해지면 사회적으로 큰 성공을 하지 않아도 사람들은 즐겁고 행복하게 살 수 있다. 마음이 연결된 관계는 큰 것이 없어도 되고, 있으면 더 좋은 관계다. 서로의 추억을 떠올리면서 즐거워하고, 상대를 위해 적은 작은 메모 하나에도 존재감을 느끼는 관계가 사랑하는 관계다.

4. 뭉뚱그려진 것을 하나씩 푼다

모든 것이 하나인 것 같고, 거기서 거기인 것 같은 것들도 내가 성장하면 그제야 다르게 보인다. 지구상에 존재하는 광물들을 보면 다 똑같아 보이지만, 자세히 보면 그중에는 금도 있고 다이아몬드도 있다. 이런 것을 구별해서 보는 능력이 '분화'다. 가족 관계, 부부 관계에서도 구별해서 보는 노력이 필요하다. 언뜻 보기에는 남편과 시댁 식구가 '그 나물에 그 밥'처럼 하나로 보인다. 마찬가지로 남편도 아내와 처가 식구를 하나로 보고 있을 수도 있다. 남편이 못마땅한 행동을 하면 마치 시집 식구들 전부의 문제인 것처럼, 반대로 아내의 어떤 일이

처갓집 사람들 모두의 문제인 것처럼 보인다면, 이는 미성숙하다는 얘기다.

남편과 아내를 자세히 보면 각각의 원가족과 닮은 점도 있지만, 다른 점도 찾을 수 있다. 다른 점을 다르게 대하는 마음을 가지면 선순환으로 갈 수 있다. 사업에 망한 남편이 자조적으로 "우리 집은 늘 그래! 아버지도 사업에 실패했는데 나도 그래! 나는 안 되나 봐!"라고 말을 한다. 이때 아내가 "그래도 당신은 아버님과는 달리 나한테 이렇게 말을 하잖아! 이렇게 당신이 말을 해 주니까 나는 마음이 좋아!"라고 하면, 남편에게 얼마나 위로가 될까? 이런 말은 뭉뚱그려진 것을 구별하는 마음이 없으면 나오지 않는다.

5. 뭐든 감사하게 여긴다

자신을 비우는 노력도 선순환으로 가게 한다. 마음이 자신이 원하는 것으로 가득 차 있으면 상대방이나 주변에 대해 고마움을 느낄 수 없다. 아이들 마음은 대체로 자신이 원하는 것으로 차 있다. 그래서 엄마나 아빠에게 고마움을 표현하기보다는 짜증이나 화를 낸다. 어른도 마찬가지다. 자신이 원하는 것을 채우려는 마음으로 살면 상대방 탓을 하게 된다. 자기는 최선을 다하고 있는데, 상대방이 안 도와준다고 불평을 한다.

'남편 복 없는 년은 자식 복도 없다'라는 말을 입버릇처럼 자주 하는 사람들이 있다. 그런 사람은 대체로 열심히 사는 사람이다. 그렇게 성실히 살면서도 상대방을 비난하고 불평하면 남편이나 자녀, 주변 사람이 도망간다. 열심히 살면서도 인복이 없는 사람이 되고 만다. 5부에서 얘기한 희생하는 사람들이다. 인복이 있으려면 자신의 마음을 비워야 한다. 원하는 것으로 가득 찼던 마음을 비우기 시작하면 주변 사람들이 참으로 고마워진다.

마음 비우기는 미래에 대한 희망이 있을 때 가능하다. 모든 것이 내가 원하는 대로 이루어지지 않아도 괜찮을 것이고, 더 좋을 수 있을 것이라는 희망이 있으면 내려놓을 수 있다. 오늘 안 되면 내일 하면 되고, 남편이나 아내가 안 도와주면 비난하거나 불평하는 대신 다른 사람의 도움을 받아서 하면 된다. 도움을 받을 곳이 없으면 안 해도 된다. 이렇게 마음을 계속 비워가는 사람은 일상을 변화시킬 수 있다. 이런 마음으로 살면 잘못한 것을 잘못했다, 미안한 것을 미안하다고 말할 수 있다.

이런 말을 자주 하고 들으면 존중받는 느낌이 든다. 마음이 언짢았다가도 금방 풀린다.

6. "내가 틀릴 수 있다"고 한다

실수를 인정하지 않으면 상대는 거리감을 느끼며 불신감을 갖게 된다. '내가 하는 일이 틀릴 수 있고 잘못할 수 있음'을 인정하는 자세를 가지면, 저절로 상대방과 선순환으로 간다. 무엇인가를 깊이 이해하면 이해할수록 이 세상에 분명한 것은 별로 없음을 알게 된다. 멀리서 보면 분명한 것 같아도 가까이서 보면 분명하지 않은 것이 많다. 맞는다고 여겼던 것도 입장, 상황, 위치, 조건이 달라지면 틀린 것이 되기도 한다. 세상의 맞고 틀림은 상대적이다.

이런 생각을 하면 자신이 옳다고 주장하는 것이 상대방에게는 틀린 것일 수도 있다고 생각할 수 있다. 그래서 대화를 할 때 "내 말이 틀릴 수도 있는데, 내 입장에서는 이래"라고 하면 상대방은 편안해진다. 자신의 입장에서만 생각하던 것을 말하는 사람의 입장에서도 생각해 볼 수 있다.

7. 잘된 일은 상대 덕이라 한다

아이가 학업 성적이 좋을 때나 집안에 기쁜 일이 생겼을 때, 서로 "당신 덕분이야"라고 하면 부부 관계는 선순환으로 가기 마련이다. 친척의 경조사를 잘 챙겨 칭찬을 들었을 때 "이 사람이 신경 썼어요"라고 상대에게 공을 돌리면, 부부 관계는 선순환으로 간다. 안 해도 되는 작은 말처럼 들리지만, 이런 작은 말들이 상대방을 기분 좋게 만들고 서로의 관계를 원활하게 만든다.

서로의 단점을 보고 이를 교정하는 대화도 중요하다. 서로를 세워 주는 대화는 더 중요하다. 부모가 자녀에게 계속 고치라고 하면 자녀는 열등감을 느낀다. 자신에 대해서 부족함을 느끼고 부끄럽게 여긴다. 그러나 장점을 발견하고 이를 인정하는 말을 해 주면 존재감을 느끼게 된다.

선순환 관계로 가는 7단계

선순환의 삶은 자기중심성을 조절하는 특별한 훈련을 필요로 한다. 상담학적으로는 자신을 들여다보는 심리 분석, 자신의 마음을 조절하고 통제하는 마인드 트레이닝, 자신의 결핍을 들여다보는 원가족 치료 등이 있다. 이러한 노력을 통해 인간은 자신의 자기중심성과 심리적 결핍을 조절하는 방법을 배우게 된다.

이런 모든 노력은 영성과 직결된다. 보통 영성을 종교적으로만 이해하는데, 영성은 인간의 고귀한 특성 중 하나로 자기중심성에서 벗어나 자신의 마음을 조절하고 통제하면서 삶의 방향과 목적을 찾는 모든 노력을 의미한다. 영적인 노력이 없으면 인간은 다른 사람과의 관계를 선순환으로 만들어 가기 어렵다. 선순환의 관계를 하기 위해서는 자기중심성과 심리적 결핍을 뛰어넘는 노력이 필요하다. 나는 이것을 '초월'이라고 한다. 인간관계를 선순환으로 만들고 싶다면 자신을 넘어서는 초월적 노력을 해야 한다. 자신을 들여다보면서 타인을 받아들이려는 노력이 초월이다.

선순환 부부 관계를 만들기 위해서 혼자서도 할 수 있는 방법을 소개하고자 한다. 부부가 같이 이 단계를 밟으면 이상적이나 보통은 한 사람이 먼저 성장한다. 한 사람만 성장해도 부부 관계는 악순환으로 가지는 않는다. 성장한 배우자를 보며 상대도 자극을 받아 변화가 시작된다. 함께 성장하면 부부는 온전히 선순환으로 들어간다. 남편과 아내 어느 쪽이든 먼저 다음의 과정을 거치며 자기 초월에 도전해 보자.

1단계: 상대가 홧김에 한 말을 곱씹는다

강자는 하고 싶은 말을 하고 살지만, 약자는 할 말을 다 하지 못하고 산다. 약자가 아니어도 자기표현을 잘 하지 않는 사람은 평소에도 생각을 다 말하지 않는다. 그래서 화가 나서 하는 얘기와 술 마시고 하는 얘기는 대체로 진심이다. 관계가 나빠지거나 상대가 화를 낼까 봐 의식적으로 눌러두었던 말이 홧김과 술기운을 빌려 나오기 때문이다.

6부의 권력을 쥔 남편 사례에 나오는 영석 씨는 정아 씨가 "커피 가져다 달라, 생선 가시 발라 달라 강요하면 어쩔 수 없이 해 주긴 하지만, 하녀 취급당하는 것 같아서 당신을 존중하기는커녕 나도 당신을 하인처럼 대하고 싶다"라고 했던 말을 귀담아들어야 한다. 영석 씨는 자신이 남들보다 잘해 주는 좋은 남편이니 아내는 자신의 말에 순종해야 한다고 생각한다. 그러나 정아 씨는 상담을 통해 자기가 원하는 부부 관계의 존중에 대해 이렇게 말했다. "당신이 존경받고 싶듯 나도 존중받고 싶어. 그래야 당신이 나를 사랑하는 것 같아. 내 안에서 당신을 존경하고 싶은 마음이 우러나와서 존경을 해 주고 싶어"라고. 정아 씨 스스로 하녀라고 느끼는 한, 영석 씨는 아내의 존경을 받기 어렵다.

　6부의 민정 씨와 민수 씨 이야기로 돌아가 보자. 민수 씨는 시댁 식구들과 만나기 싫다는 민정 씨에게 "당신은 우리 애들이 그렇게 살아도 좋겠냐?"라고 가슴 답답해 하며 물었다. "우리 집은 뭐든 이 사람이 좋은 쪽으로 결정한다"는 얘기도 했다. 이런 말은 민정 씨가 하는 행동을 반영해 준다. 상대는 나의 거울이 되어 내 행동을 반영해 주는데, 특히 가족 간에 하는 말은 나에 대해 많은 것을 얘기해 준다. 이 말을 듣고 자기를 객관적으로 볼 수 있어야 관계가 선순환으로 간다.

　상대가 나한테 하는 이야기를 곱씹으면 자기를 잘 이해할 수 있다. '저 사람이 왜 나한테 저런 얘기를 하지? 그 말이 무슨 뜻이지?' 생각하며 내용을 곱씹어야 한다. 상대방이 한 말을 곱씹는 행위는 인간의 자연스러운 마음과는 정반대다. 자연스러운 마음은 자신을 곱씹는 대신 상대방을 씹고 싶다. 인간은 자기중심성으로 가득 차 있기 때문에, 자신만을 생각하려는 자기중심성을 거스르지 않으면 상대방을 배려하기 어렵다. 그래서 자신을 곱씹는 마음은 자연스러운 자기중심성을 거스른다. 자신을 거스르는 노력이 없으면 자기를 안 보고 상대방 쪽으로 자꾸 시선이 향한다. 잘못을 지적하는 상대에게 "내가 언제, 뭘 잘못했는지 말해 봐!", "네가 잘못했나, 내가 잘못했나 따져 보자" 이렇게 하면 악순환이 된다. 선순환으로 갈 때는 상대의 말이 깨달아진다. '아, 저 사람 말이 그 말이었구나. 내가 그랬네. 그때 내가 잘못했구나. 참 어리석었구나.' 이렇게 자기를 객관적으로 보며 반성할 수 있게 된다. 성숙한 사람일수록 자신의 어리석음을 많이 깨닫는다. "나는 잘못이 하나도 없다"라고 하는 사람일수록 미성숙한 사람이다.

2단계: 나를 돌이킨다

몇 년 전 한 지상파의 「부탁해요, 엄마」라는 드라마를 볼 기회가 있었다. 이 드라마를 보면서 많은 생각을 했다. 아내 역할을 맡은 배우 고두심은 빚보증으로 가계 재정 상태를 파탄 낸 남편을 대신해 반찬가게로 가정을 꾸려 나가는 '굳세어라 금순아' 캐릭터다. 이 가정의 권력자는 아내다.

가정의 대소사와 자녀의 일은 아내의 의견대로 결정된다. 그런데 아내는 말을 할 때 자기 마음과 반대로 할 때가 많다. 좋으면서도 싫다 하고 싫은데도 좋다고 한다. 섭섭하거나 걱정

되면 그렇다고 말을 하는 대신 버럭 화를 낸다. 그래서 남편과의 관계가 삐걱거린다. 재정적인 무능력으로 늘 아내의 말에 따르던 남편이 맏아들 결혼 문제로 아내와 대립을 하면서 이 가정은 심각한 위기 상황에 처했다. 어려운 가정에서 금이야 옥이야 키워 변호사가 된 아들이 애 딸린 이혼녀와 결혼을 하겠다고 한 것이다. 남편은 아들이 그렇게 좋아하는데 결혼을 시키자고 하고, 아내는 이 아들이 자기의 기대를 배반해도 너무 크게 배반해서 힘든데, 거기에 남편이 동조를 하니 더 이상 견딜 수가 없다.

"당신 하나 속 썩이는 것도 힘들었는데 이제 애까지 속을 썩이고 있어. 당신은 아버지라는 사람이 아들을 타이르기는커녕 편을 들어? 남편 노릇도 못하더니 아버지 노릇도 못하고 있잖아. 당신은 잘하는 게 뭐야?"

아내는 남편에게 소리를 지른다. 그러자 남편이 작심한 듯 얘기한다.

"내가 당신 때문에 얼마나 힘들었는지 알아? 빚보증 잘못 선 것 때문에 근 10년을 등신같이 살면서도 아무 말도 안 하고 살았어. 나도 남자야. 나는 그렇다 치고 애까지 나처럼 자기 아내한테 휘둘리면서 살게 하고 싶지 않아. 저 좋다는 사람하고 살게 하라고!”

빚보증 사건 이후 처음으로 남편이 속말을 했다.

“그런 말 하려면 당신 집에서 나가. 이 집 나 없었으면 벌써 망했어. 당신 꼴도 보기 싫으니 당장 나가.”

아내는 이성을 잃고 소리를 질렀다. 싸움 후 남편은 사흘째 집에 들어오지 않고 있다. 위기에 처한 관계를 선순환으로 돌이키려면 권력자 아내는 남편의 말을 묵상해야 한다. “나도 남자야. 애까지 나처럼 아내한테 휘둘리면서 살게 하고 싶지 않아”라는 남편의 말은 그동안 아내가 자신을 남자로, 남편으로 취급하지 않았어도 지은 죄가 있어 참았다는 말이다. 참았다는 말이자 힘든 일이었다는 얘기다. 이런 말은 평소에는 자제를 하다가 화났을 때, 술 마셨을 때 튀어나온다. 이런 소리가 중요한 내면의 목소리다.

권력자 아내는 남편이 사흘이나 집에 들어오지 않자 허탈해 하며 곰곰이 생각한다. ‘왜 남편이 아들 편을 들었을 때 그렇게 부아가 났을까? 내가 그때 왜 그렇게 소리를 질렀을까? 왜 그런 말을 했을까?’ 객관적으로 자기를 보는 시간이다. 이런 시간을 가지면서 아내는 남편이 아들 편을 드는 것이 누구나 부러워하는 며느리를 얻고 싶었던 자신의 꿈을 깨는 것처럼 여겨져 그렇게 화가 났던 것임을 깨달았다. 남편의 빚보증으로 깨진 '보란 듯이 잘 살고 싶던 꿈'을 변호사 아들을 통해 이루고 싶었는데, 그 꿈을 '누구보다 자격 없는' 남편이 깨는 것 같아서 그렇게 화가 났던 것이다.

그리고 남편이 한 말도 생각해 보았다.

"내가 당신 때문에 얼마나 힘들었는지 알아? 빚보증 잘못 선 것 때문에 근 10년을 등신같이 살면서도 아무 말도 안 하고 살았어. 나도 남자야. 나는 그렇다 치고 애까지 나처럼 자기 아내한테 휘둘리면서 살게 하고 싶지 않아. 저 좋다는 사람하고 살게 하라고!"

절규하듯 쏟아 낸 남편의 말을 되새기며 남편이 지은 죄가 있긴 하지만, 참 힘든 시간을 보냈겠구나라는 생각이 처음으로 들었다. "애도 나처럼 살게 하고 싶지 않다"는 말에 남편을 휘두르며 살아온 자신의 모습을 보게 되었다. 이런 시간이 반성하는 시간이다. 돌이키는 시간이다.

모든 관계가 좋아지고 선순환으로 가는 데는 돌이키는 과정이 있다. 회개가 있다. 상대방 얘기를 듣고 섭섭해 하고 화만 내면, 돌이키지 못한다. '아, 재 마음이 저랬겠구나'라고 이해하는 사람은 돌이킨다. '자기 때문에 고생하며 살았는데, 미안함도 은공도 모르고 아들 편을 들다니' 이렇게 분해하기만 하면 부부 관계는 악순환에서 벗어날 수 없다.

우리들은 살면서 늘 갈림길에 서게 된다. 상대가 아닌 자기를 보며 돌이킬 수도 있고, 자기만 옳다고 할 수도 있다. 남편이 원하는 대로 아들의 결혼을 허락할 수도 있고, 자신의 의견을 끝까지 관철하며 가정을 전쟁터로 만들 수도 있다. 어떤 선택을 하느냐에 따라 관계가 선순환으로 갈 수도 있고, 악순환으로 갈 수도 있다. 어느 길로 갈 것인가?

3단계: 사과는 "미안하다"는 말로 표현한다

관계가 선순환으로 가려면 나 자신을 곱씹어 보고 자신을 돌이켜야 한다고 했다. 그런데 돌이키면서 느꼈던 미안함은 "미안하다"는 말로 꼭 표현해 줘야 한다. 사랑하는 사람들 사이에는 "미안하다, 고맙다"는 얘기를 오히려 안 하는 경우가 많다. 특히 부부끼리는 미안한데 미안하다고 얘기하지 않고,

고마운데 고맙다고 얘기하지 않는다. 모든 것을 당연하게 여긴다. 미안한 일을 해도 사랑하는 사이니까 괜찮고, 고마운 일을 해 줬어도 가족이니 당연하게 여기는데, 이러면 관계가 나빠진다. 사람 마음은 사랑하는 가족 관계에서도 잘해 준 것에 대해 "고맙다"는 인사도 받고 싶고, 상대가 잘못한 일에 대해서는 "미안하다"는 사과도 받고 싶다.

배우자가 화나게 했던 행동이 오히려 나에게 혜택으로 돌아올 때가 있다. 화나고 기분 나쁘게 했던 일이 생각지 않게 도움을 주는 일이 되기도 한다. 나중에 화가 가라앉았을 때 그 행동의 유익함에 대해 상대에게 말해 주면 관계가 선순환으로 간다.

5부에서 남편이 200만 원어치 컴퓨터 기기를 사 가지고 와서 키보드로 머리를 두드렸던 혜리 씨. 그날 그렇게 대판 싸웠지만 화를 가라앉히고 나니 새로운 컴퓨터 기기 덕분에 혜리 씨도 도움을 받는 것이 있었다. 무엇보다 모니터가 큼직해서 인터넷 검색을 하기도 편했고, 영상을 볼 때 시원시원해서 좋았다. 이처럼 상대가 좋아서 하는 일들은 일정 부분 나에게도 좋다. 속으로는 좋다고 생각하면서도 배우자에게 그런 얘기는 절대 해 주지 않는다. "그것 봐, 내가 좋다 그랬잖아, 당신이 몰라서 그랬던 거라고!" 이렇게 유세를 떨까 봐 안 해 주기도 하고, 200만 원어치 사 와서 화가 났는데 얘기를 하면 더 사 올까 봐 말을 못 한다. 이런 생각에서 자유로워져야 한다. 남편에게 이렇게 말을 하며 자유로워지는 작업을 하면 좋다. "당신이 컴퓨터 기기를 사 와서 좋은 것도 있는데, 이 말을 해 주기 싫었어. 내가 이 말을 하면 당신이 또 사 오고, 우리 살림살이에 문제가 생길까 봐 겁나." 아내가 이렇게 말을 하면 남편은 아내의 걱정하는 마음을 이해하기 쉽다.

4단계: 반성한 내용을 말하며 상대방의 마음을 알아준다

미안하다, 고맙다는 마음을 표현하며 자신이 이해한 것도 말을 해 줘야 한다. "네가 그랬구나, 그런 마음이었구나"라고 말을 해야 한다. "네가 그런 마음인 줄 미처 몰랐다. 네가 참 힘들었겠구나." 서로 이런 얘기를 하는 시간이 필요하다. 부부는 화가 가라앉고 나면 상대방이 왜 그런 행동을 했는지 서로 안다. 악순환으로 갈 때는 공감하는 것이 아니라, 오히려 서로 건드려서 더 화가 나서 길길이 뛰게 한다. 알면서 안 채워 주려고 비수를 꽂는다.

부부간에 어떤 말을 하면 상처를 받는지 어느 정도는 아는데, 여자들은 언어 센스가 발달해서 남편에게 기가 막히게 비수를 날린다. 비수를 날려 놓고는 자기 마음을 알아 달라고 한다. 그리고 그렇게 안 하면 대범하지 못하다, 남자답지 못하다고 비난까지 한다. 남자 입장에서는 비수를 맞고 남자답지 못한 사람까지 된다. 비수를 날렸으면 뽑아 주고 상처에 약도 발라 줘야 나아서 공감을 해 줄 수 있는데, 그러기는커녕 남자답지 못하다는 낙인까지 씌워서 더 기분 나쁘게 만든다. 이러니 마음을 알아주기도 싫고, 사과하고 싶지도 않다. 남편은 사과하고 싶기는커녕 사과를 받고 싶다.

아내는 아내대로 남편은 남편대로 서로 사과를 받고 싶다. 사과를 할 사람은 없고, 사과를 받을 사람만 있다. 살다가 일이 생기면 또 싸운다. 그러면 연애 시절까지 거슬러 간다. 억울하고 분했던 일들의 파일이 있다. 1년 살면 파일 2개, 10년 살면 20개…… 파일들이 쌓여 간다. 서로의 마음을 알면서도 안다고 얘기를 해 주지 않아서 그렇다. 파일로 저장되기 전에 상대의 마음을 알아주는 말을 하면 관계가 선순환으로 간다.

5단계: 수시로 상대의 의견을 묻는다

돌이키고 나서는 자기 세계의 잘못된 점을 찾아내야 한다. 다행스럽게도 이 부분은 싸울 때 "나를 하녀같이 대한다", "이 사람은 자기 마음대로 한다"라며 상대방이 다 말해 준다.

평소에는 쌓아 두고 있다가 싸울 때 폭발하듯 얘기하는 것에서 벗어나려면, 수시로 자신의 행동에 대해 상대방의 의견을 물어보는 것이 좋다. "지금 내가 이러는 게 어때?", "내가 이러는 것이 괜찮아?"라고 물어봐야 한다. 이렇게 자신의 말이나 행동에 대해 피드백을 받으면 상대가 억울함을 느끼거나 본인이 나중에 뒤통수를 맞는 일은 없다. 나는 상대가 좋아할 것이라고 생각해서 한 행동이 상대에게는 원치 않은 일이나 오히려 싫은 것일 수도 있다. 물어보지 않으면 가족이라도 알 수 없다.

그런데 사람들은 정말 안 물어본다. 아주 사소한 일부터 자기 위주로 한다. 예를 들어 주말에 집에서 식사를 할 때 아내는 "지금 식사할래요?"라고 묻기보다는 이미 다 차려 놓고 "식사하세요", "밥 먹어라" 한다. 남편이 생각이 없다거나 안 먹는다고 하면 "밥을 차려 놨으면 먹어야지 또 언제 차리라고 안 먹는다는 거야?”라며 짜증을 낸다. 자기 타임 스케줄에 의하면 식구들이 지금 딱 먹어 줘야 한다.

내가 밥을 차려 놓았어도 상대방이 먹지 않겠다고 하면 존중해 줘야 한다. 더 좋은 것은 밥을 차리기 전에 밥이 먹고 싶은지, 밥을 먹을 것인지 먼저 물어보는 것이다. 반대의 경우도 마찬가지다. 식사 시간도 아닌데 아무 때나 “배고파, 밥 줘”라고 하지 말고 “배가 고프니 먹을 것을 차려 줄 수 있는지” 묻거나 본인이 차려 먹을 수 있어야 한다. 서로의 마음이 어떤지 물어보고 그것을 존중해 주어야 관계가 선순환으로 간다. 막상 가족에게는 이런 질문이 대부분 생략되고 무시된다.

6단계: 솔직하게 속마음을 얘기한다

이렇게 선순환으로 가려면 묻고 듣기와 존중하기가 되어야 한다. 그런데 여기에 우리나라만이 가진 특수한 주제가 있다. 우리는 한 번이 아닌 ‘세 번’을 물어봐야 한다. 특히 남녀 관계에서는 더 그렇다.

가족 여행을 가는 공항에서 남편이 시어머니의 전화를 받았다. 시어머니가 아프다고 연락을 한 것이다. 아내는 어쩔 줄 몰라 하는 남편에게 "그러면 어머니한테 가야지" 했는데, 남편은 "그렇지? 그래야겠지?"라면서 곧장 병원으로 간다. 그것을 보고 아내는 "정말 가네"라고 혼잣말을 한다. 그리고 상처가 된다. 그것 때문에 두고두고 싸운다. 여자는 이미지 관리 차원으로 얘기를 한 건데, 남자는 사실로 듣는다.

여자는 마음을 안 들키려고 속마음과 다른 말을 한다. 창피할까 봐 다른 얘기를 한다. 주로 심리적인 이유로 체면을 유지하려고 그런 말을 한다. 그런데 남자는 여자의 말을 사실로 듣는다. 듣는 대로 믿고 행동을 한다. 그러니 여자 입장에서는 이미지 관리하려고 한 말을 사실로 듣는 남자가 참 바보 같다. 남자 입장에서는 마음과 다른 말을 복잡하게 하는 여자를 만나면 아주 힘들고 짜증 난다. 여자는 남자에게 얘기할 때는 이미지 관리하지 말고 '싫으면 싫다, 좋으면 좋다'고 해야 한다. 한 번에 말이다. 반면에 남자는 사회적 지위, 위치, 관계에서 체면을 유지하려고 속마음이나 사실과 다른 말을 한다. 가족이나 친지들이 모였을 때 직원인데 매니저인 것처럼 말을 한다거나, 식사를 할 때 본인이 한턱내는 것처럼 비싼 집에 가놓고 그것을 생활비에서 쓰도록 해서 아내와 싸우는 일이 종종 있다. 이런 것을 자꾸 돌이켜 봐야 한다. 남자나 여자나 체면 때문에 마음과 다른 말이나 사실과 다른 말을 하고 나면 부부 싸움으로 연결되기 쉽다.

7단계: '내 주제'를 찾는다

선순환으로 가기 위해 솔직하게 자기의 마음을 표현하라고 했는데, 이것이 쉬운 사람도 있고 어려운 사람도 있다. 솔직한 마음의 표현이 어렵다면 그렇게 된 이유가 있을 것이다. 내 삶의 역사에서 그렇게 형성된 이유를 찾아야 한다. 그것이 내 심리적인 주제이고, 자기 주제다. 자기 주제는 상담가, 분석가와 찾으면 제일 좋겠지만 시간이나 비용이 많이 든다. 굳이 상담가를 찾을 만큼 상태가 심각하지 않다면, 하루 동안 자신이 한 말을 녹음한 후 들어보길 권한다. 자신이 했던 말을 들어보면 평소에는 몰랐던 자기 모습이 보인다. 대학원 수업을 할 때 이런 훈련을 시키는데 학생들이 "들어보니 가관이었다"고 얘기하는 경우가 많았다. 자신이 어떤 말을 주로 했는지, 그 말을 왜 했는지 객관적으로 들어보면서 자신의 새로운 모습을 발견하게 된다.

그리고 감정 일지를 쓰면 내가 어떤 상황에서 어떤 감정을 느끼는지 나를 들여다볼 수 있다. '나'의 주제를 아는 데 많은 도움이 된다. 솔직하게 표현하는 것을 어렵게 만드는 '나의 주제'를 찾아 이를 해소하려고 할 때 진정한 성장이 일어난다. 내가 성장하면 배우자의 성장을 도우며 선순환 부부의 삶을 살 수 있다. 성장은 상대가 아닌 나의 모습을 내가 보고 깨닫는 것에서 시작된다.

부부는 다투더라도 서로를 사랑하는 마음이 있다. 소중한 가정을 지키고 싶은 마음도 있다. 이런 마음이 동력이 되어 어려운 성장의 과정을 견뎌 낸다. 서로의 노력하는 모습을 보며 선순환의 관계가 만들어진다. 물론 본인들이 원하는 만큼 선순환이 이루어지지 않을 수도 있다. 그래도 성장은 성장이다. 작은 성장을 소중히 여기는 마음을 가진 사람은 선순환의 관계를 만들고 지속시킬 가능성이 아주 높다. 상대방이 아닌 자신에게 원인이 있음을 보는 것, 그것이 성장의 시작이다.

싸움에 지친 사람들은 어떤지 모르지만 싸우는 것도 귀하다. 부부는 대체로 자기들끼리 싸우지 밖에 나가서는 안 싸운다. 그래서 싸울 수 있는 대상이 있다는 게 얼마나 귀한가 싶다. 싸운다는 것은 서로에게 기대가 있고 마음이 있고 힘이 있다는 얘기다. 물론 여기서 폭력을 쓰면서 싸우는 경우는 해당하지 않는다. 노인분들이 나이 들어서까지 싸우는 것을 보면 '참 힘도 좋다' 싶다. 그분들은 싸우는 힘으로 살다가 그 힘이 없어지면 돌아가신다. 싸움이 바로 생명과 연결되어 있다.

이것을 철학적으로 연결하면 모든 살아 있는 생명체는 싸우고 다툰다고 할 수 있다. 다툼이 없으면 생명체가 아니다. 다툼의 종류는 다양하다. 생존을 위한 다툼, 선호를 위한 다툼, 올라가기 위한 다툼이 있다. 싸움이란 살아 있다는 표시고 너와 내가 다르다는 표시다. 너와 내가 성별도 다르고 성격도 다르고 히스토리도 다르고 힘도 다르다는 얘기다. 긍정적인 시각에서 보면 사람들은 싸우면서 수많은 메시지를 전달한다. 그러면 상대를 잘 알 수 있게 된다. 싸울 때 하는 말은 대체로 진심이다. 정신 차리고 나서는 그때 한 말은 진심이 아니었다고 하지만 사실 다 진심이다.

"너랑 살기 싫어." 그 말 진심이다. 그런데 너무 상처받지 않아도 된다. 부부가 살다 보면 때로는 같이 살기 싫을 때도 있다. 사람 안에는 늘 모순되는 마음이 공존한다. 사람은 유기체적 존재고 생명체기 때문에 같이 살고 싶을 수도 있고, 그러고 싶지 않을 수도 있다. 너하고 살고 싶기도 하고 살기 싫기도 하고, 때로는 나 스스로도 살고 싶기도 하고 살기 싫기도 하다. 더 예쁜 여자 또는 더 멋있는 남자하고 살고 싶기도 하지만 너하고 살고 싶기도 하다. 네가 주장하는 것이 맞을 수도 있고 틀릴 수도 있다. 네 입장에서는 맞고 내 입장에서는 틀린다. 내 안에 이런 상반되고 모순되는 감정이 있다. '인간은 모순되고 부분적이고 작은 존재다'라는 말을 그래서 한다.

이 부분이 성장점이 된다. 인간에 대한 이해를 해야 성장 포인트의 방향을 잡을 수 있다. 사람이 모순적인 것을 인정해 줘야 한다. 많은 부부가 "지난번에 그렇게 말 안 했잖아. 왜 말을 바꾸는 거야?"라며 싸우는데 인간이란 존재가 원래 그렇다. 그러니까 이럴 때는 "그래, 나 모순적이야. 지난번에는 그렇게 말했는데 지금은 마음이 바뀌었어. 나 모순 맞아." 이렇게 모순됨을 시인하면 상대는 할 말이 없어진다. 우리는 모순되고 부분적이고 작은 존재다. 그것을 서로 수용해 주면 성장하게 된다. 인간에 대한 이런 근본적인 이해 위에 선순환 대화 방법을 활용한다면, 달라서 괴로웠던 현실 부부가 달라도 괜찮은, (달라서 더 좋은) 행복한 부부로 살 수 있게 될 것이다.

현실 부부

초판 1쇄 발행 2026년 1월 5일

지은이 김용태

발행인 양진오
편집인 미미 & 류
발행처 교학사

등록번호 제25100-2011-256호
주소 서울 마포구 마포대로 14길 4, 5층
전화 02-707-5239
팩스 02-707-5180
이메일 miryubook@naver.com
인스타그램 @miryubook

ISBN 979-11-88632-36-7 (13180)

미류책방은 교학사의 임프린트입니다.